U0726837

智慧故事文言读本

才能篇

杨振中◎编著

阅智慧故事　增才干
读古代文言　长知识

中国出版集团
東方出版中心

愿人人变得更聪明

——代前言

中华民族所以能屹立于世界民族之林，是因为有亿万勤劳智慧的炎黄子孙，历经数千年，创造了灿烂的物质文明与精神文明。

历史是人民创造的，其中智慧者贡献更大。他们是银河中的闪耀星星，熠熠生辉。是他们前仆后继、呕心沥血，把社会一步步推向前进。我们忘不了周公、孔子、庄子、孙武、李悝、白圭、蔡伦、华佗、李白、杜甫、郑和、曹雪芹等一大批对历史作出巨大贡献的智者，也忘不了建造万里长城、北京故宫，挖掘南北大运河的无数能工巧匠，是他们创造性的劳动，让后代子孙见证了历史的辉煌。

在浩如烟海的古代智慧故事中，我们仅选择了近600则，这恐怕连沧海一粟也说不上。纵然如此，亦可见先人才智的一斑。阅读这些故事，有利于提高思想认识与品德修养，有利于提高民族自信心，有利于开发智力，也有利于创造未来。古人说“书犹药也，善读之可以医愚”。三国时吴主孙权劝吕蒙读书时说过：“孤岂欲卿治经为博士邪？但当涉猎，见往事耳。”我们也仅希望读者在“涉猎往事”中获得启发。

历史是可以借鉴的。我们可以从古人求学、修养、为人、治

国、征战、创作、经商的成功经验中借鉴到很多有益的东西。继往开来，创造新的世界，这是我们更是年轻人的天职。

这套“智慧故事文言读本”共分三册。第一册含“颖悟少年”、“智慧女子”、“诙谐才子”、“文艺精英”、“特技超人”与“能工巧匠”；第二册含“教诲有方”、“治国行家”、“自我修养”、“人才难得”与“明人识见”；第三册含“处事能人”、“沙场谋略”、“语言高手”与“巧妙断案”。

每则故事，前有用现代文意译的大意，后附文言原文并加夹注。这样安排有两个用意：一是阅智慧故事增长才干；二是读古代文言提高能力，让读者一举两得。

该书既适合于在校学生阅读，也适合于社会群体浏览。

杨振中

2013年元月于沪上

目 录

一、颖悟少年

二、智慧女子

三、诙谐才子

四、文艺精英

五、特技超人

六、能工巧匠

一、颖悟少年

1. 何晏争自由

【智慧故事】

何晏七岁时，聪明得如神童一般。曹操特别喜欢他，因为何晏生活在皇宫里，曹操想把他作为养子。

有一天，何晏在地上画了个方块，自己站在其中。有人问他这干什么，何晏说："这是姓何人家的住屋。"

曹操听说这件事后，领会到何晏不想长期待在宫中，因为在方块中站一个人，岂不是"囚"字吗？于是随即派人把何晏送还父母处。

【故事出处】

何晏七岁，明惠（同"慧"，聪明）**若神。魏武**（指魏武帝曹操。曹丕称帝后追谥父亲为魏武帝）**奇**（特别）**爱之，因晏在宫中，欲以为子。晏乃画地令**（使）**方，自处其中。人问其故，答曰："何氏**（姓何）**之庐也。"魏武知之，即遣**（送）**还。**

（节选自《世说新语》）

【点评】

一个画地暗示，一个心领神会，两个都是聪明人！

2. 陈元方答客

【智慧故事】

陈太丘跟朋友约定在中午一同出行，可是过了中午朋友还不到，陈太丘便抛下他独自走了。太丘走后朋友才到。

当时太丘的儿子元方才七岁，正在门外嬉戏。来客问元方："你父亲在不在家？"元方回答说："等了很久不见你到来，已经走了。"

那人便大怒，说："真不是人！跟朋友约定时间出行却抛下我走了！"

元方理直气壮地说："你与我父亲约定在中午碰头，可是中午你不到，这是不守信用；对着儿子斥骂我父亲，这是没礼貌。"那朋友感到羞愧，走下车子，想拉住元方道歉。可元方头也不回地进门去了。

【故事出处】

陈太丘（即陈寔，因曾做太丘令，故称陈太丘。寔，同"实"）**与友人期行**（约定时间出行），**期日中**（中午），**过中不至，太丘舍去**（抛下他走了），**去后乃至**（指友人到了）。**元方**（指陈元方，陈太丘之子）**时年七岁，门外戏。客问元方："尊君**（你父亲）**在不**（否）**？"答曰："待君久不至，已去。"友人便怒，曰："非人哉！与人期行相委**（抛下我。相，指代"我"）**而去！"元方曰："君**（你）**与家君**（我父亲）**期日中，日中不至，则是无信**（不讲信用）；**对子骂父，则是无礼。"友人惭，下车引**（拉）**之。元方入门不顾**（回头看）。

（节选自《世说新语》）

【点评】

两句反驳，击中要害！

3. 少年棋圣范西屏

【智慧故事】

清朝有个下围棋的国手叫范西屏，是浙江海宁人。

西屏三岁时，看到父亲跟人下棋，总是咿咿呀呀地指画着棋盘。他十六岁时就以第一高手名满天下。

在雍正、乾隆年间，天下太平，官僚们公事之余会拿出一笔钱财，邀请棋界高手角斗。范西屏也常参加比赛，他把比赛作为娱乐。国内只有施定庵一人勉强可以跟他匹敌。然而每当较量，施定庵总是眉头紧蹙，沉默深思，有时到太阳落山还没下一子。而西屏则嬉闹玩笑，唱歌呼叫，甚至应了一步棋，就打着呼噜睡着了。

曾经看西屏跟人对弈，全局处于被动，旁观的人纷纷议论，认为没救了。一会儿，只见他打了一劫，全盘棋都活了。

啊，西屏在围棋界，可算是棋圣了！

【故事出处】

清弈（下围棋）**国手**（国内杰出的人才）**曰范西屏，海宁**（今浙江海宁市）**人。**

西屏生三岁，见其父与人弈，辄(zhé，总是)**哑哑**(象声词)**然指画之。十六岁以第一手名**(扬名)**天下。**

当(在)**雍正、乾隆间，天下升平**(太平)**，士大夫**(官僚们)**公余**(办公之余)**争具**(备)**采币**(赏赐的钱财)**，致**(招)**勍敌**(劲敌。勍，qíng)**角**(斗。此指下棋较量)。**西屏以为**(把它作为)**笑娱，海内**(国内)**惟**(只有)**施定庵一人差**(勉强)**相亚**(可以匹敌)**也。然施敛**(蹙紧)**眉沉思，或**(有时)**日昳**(dié，日落)**未下一子，而西屏嬉游歌呼，应毕**(对付对方而下了一着棋后)**，则咍台**(睡觉时打呼噜声。咍，hāi)**鼾去。**

尝(曾)**见其相对时，西屏全局僵**(指处于被动地位)**矣，坐者群测**(推测)**之，靡以**(无办法)**救也。俄而**(一会儿)**争一劫**(围棋的专有名词)**，体势**(整体形势)**皆灵**(活)。

呜呼(啊。感叹词)**！西屏之于棋，可谓"圣"矣！**

(节选自《随园文选》)

【点评】

少年棋圣，天才加勤奋！

4. 谢道韫咏雪

【智慧故事】

历史上一举成名的人不少，但像东晋少女谢道韫（yùn）那样，因打了一个精彩的比方而名留文坛的，实在是罕见。

一个寒冬的下午，天上飘着雪花。谢安在家里把侄子女召集一起，跟他们讲诗论文。孩子们听得津津有味。一会儿，天空下起了大雪。谢安抬起头情不自禁地说："好大的雪啊！"接着他饶有兴味地对他们说："你们看，这纷纷大雪像什么？"

"我知道，我知道。"侄子谢朗争着说。

"好，你先说。"谢安说，"可要比得贴切哪！"

谢朗说："这纷纷扬扬的大雪，好像有人在空中撒盐。"

"不好，不好。"侄女谢道韫说，"盐的分量重，撒向空中，一下子散落到地上，哪还像飘悠悠的雪花呢？"

谢朗噘着嘴说："那你说像什么呢？"

谢道韫仰望白蒙蒙的天空，略加思索后说："还不如用柳絮随风飘舞来得好。"

"好，说得好。"谢安拍手称好，极为欢乐。那雪花在空中飞飞扬扬，多像春日里柳絮经风一吹而满天飘舞的样子。

这比喻不胫而走，后人竟用“咏絮才女”来形容女子的工于诗文。

【故事出处】

谢太傅（谢安死后赠太傅职衔）**寒雪日**（寒冷的下雪日）**内集**（在家中将儿女集合起来），**与儿女讲论文义。俄而雪骤**（急速），**公欣然曰：“白雪纷纷何所似？”兄子胡儿**（谢朗的小名叫胡儿）**曰：“撒盐空中差**（略）**可拟**（比拟）。**”兄女曰：“未若柳絮因**（凭借）**风起。”公大笑乐。**

（节选自《世说新语》）

【点评】

一个精彩的比喻，竟流芳千古！

5. 黄琬答太后问

【智慧故事】

东汉的黄琬，小时候就很聪明，能说会道。他的祖父黄琼，早年任魏郡太守。

汉桓帝建和元年（公元147年），正月里出现日食。京城洛阳不见日食，黄琼就把他在当地看到的情况报告皇上。皇太后发诏书询问太阳被侵蚀多少。

黄琼思考如何回答，但又说不清。

当时黄琬七岁，正在祖父身旁，说："为什么不说日食后太阳余下来的，像初升的一轮弯月？"

黄琼大为惊讶，没想到孙子会说出这样的话，于是立刻按黄琬的说法回应太后的询问，从此特别喜爱黄琬。

【故事出处】

黄琬早而辩慧（能说会道且聪明伶俐）。**祖父琼**（黄琼），**初为魏郡**（今河南境内）**太守**（郡的长官叫"太守"）。**建和**（汉桓帝年号）**元年正月日食**（日蚀），**京师**（国都。此指洛阳）**不见而琼以状闻**（把日食的情况报告皇上）。**太后**（皇帝的母亲）**诏**（用皇帝的文书）**问所食多少**。**琼思其对**（回答）**而未知所况**（不知道如何把情况说清）。**琬**（黄琬）**年七岁，在旁，曰："何不言日食之余**（留下来的），**如月之初**（初升的弯月）**？"琼大惊，即以其**（指代黄琬）**言应**（回答）**诏，而深奇**（特别地）**爱之**。

（节选自《后汉书》）

【点评】

用个人人皆知的比喻就说清楚了！

6. 李德裕不答武元衡

【智慧故事】

唐朝的李德裕，小时候聪明漂亮，父亲李吉甫常在同僚面前夸奖他。有一次宰相武元衡召见德裕，并说："你在家，读什么书？"——武元衡的本意是想猜摸他的志向。可德裕不回答。

第二天，武元衡把事情告诉了吉甫。

吉甫回家后责备儿子德裕没礼貌。德裕说："武公身为皇帝的辅佐，不问国事，却问我读什么书。读书的事，有礼部来管。他问得不妥当，所以我不回答。"

吉甫转告武元衡，元衡深感羞愧。长大后李德裕做了唐朝宰相。

【故事出处】

李德裕神(聪明)**俊**(漂亮)，**父吉甫**(李吉甫)**每**(常)**向同列**(同僚)**夸之。武相元衡**(即武元衡宰相)**召谓曰："吾子**(你)**在家，所读何书？"——意欲探**(猜摸)**其志也。德裕不应**(回答)。**翌日**(第二天)，**元衡具**(一一地)**告吉甫。吉甫归**(回家)**责之。德裕曰："武公**(对人的尊称)**身为帝弼**(bì，辅佐)，**不问理**(治)**国，而问所读书。书者**(读书的事)，**礼部**(中央六部之一，主管教育、典礼)**之事。其言不当，是以**(因此)**不应。"吉甫复告，元衡大惭**(羞愧)。

(节选自《智囊》)

【点评】

少年老成，伶牙俐齿！

7. 原谷十五岁谏父

【智慧故事】

原谷的祖父年纪老了，儿子媳妇讨厌他，想抛弃他。

当时原谷十五岁，规劝父亲说："祖父生儿育女，一辈子勤俭，怎么能嫌他老而抛弃他呢？这是违背道义的。"

父亲不听从原谷的话，制作了一辆手推小车，把老人连同小车一块儿丢弃在荒山野地。当时原谷跟着前往，他收拾起小车准备回家。

父亲见了，惊讶地问："你为什么要回收这不吉利的小车。"原谷说："往后我父母老了，就不需要再制作小车了！"

父亲听了十分羞愧，对自己的行为感到懊悔，便再载着老人回家并赡养他。

【故事出处】

原谷有祖（祖父），**年老，父母厌憎，欲弃之。谷年十五，谏**（规劝）**父曰："祖生儿育女，勤俭终身，岂有老而弃之者乎？是负义**（违背道义）**也。"父不从**（听从），**作舆**（yú，手推的小车），**弃祖于野。谷随，收舆归。父讶之，曰："汝何以收此凶**（不吉利）**具？"谷曰："他日**（往后有一天）**父母老，无需更**（再）**作此具，是以**（因此）**收之。"父惭，悔之，乃载祖归养。**

（节选自《渊鉴类函》）

【点评】

如此"规劝"，恐怕成人也想不到！

8. 王羲之学书

【智慧故事】

东晋的王羲之是著名的书法家。他的书法飘逸秀丽为后人所推崇。

羲之七岁时就写得一手好字，十二岁时在他父亲枕头里发现了前代人写的《笔说》，偷偷地拿来阅读。

父亲说："你怎么可以偷看我的藏书？"羲之笑笑，不回答。母亲在一旁打圆场说："你是在看运笔的方法吧？"

父亲觉得羲之年纪还小，恐怕不适宜阅读，所以藏着。他对羲之说："等待你长大后，我教你。"羲之叩拜后说："我希望现在就学习它。假使等到长大再读，恐怕会阻碍我聪明才智的发展。"

父亲听了很高兴，就给他阅读。不满一个月，羲之的书法便大有长进。

【故事出处】

晋（东晋）**王羲之，七岁善**（善于）**书**（写毛笔字）。**十二**（十二岁），**见前代《笔说》于其父枕中，窃而读之。父曰："尔何来窃吾所秘**（藏）**？"羲之笑而不答。母曰："尔**（你）**看用笔法？"父见其少，恐不能，秘之，语羲之曰："待尔**（你）**成人，吾授**（教）**也。"羲之拜请："今而用之。使**（假使）**待成人，恐蔽**（阻碍）**儿之幼令**（美好的才智）**也。"父喜，遂与之。不盈**（满）**期月**（一个月），**书**（书法）**便大进。**

（节选自《书断》）

【点评】

主观努力是成功的关键！

9. 房玄龄预见隋亡

【智慧故事】

房玄龄小时候就很聪明，广泛阅读儒家经典及历史，擅长草书和隶书，文章也写得好。曾经跟随父亲房彦谦到京城，当时天下太平，大多数人认为隋朝将长久继续下去。玄龄却避开周围的人对父亲说：“隋朝皇帝本无功劳又无德行，只会欺骗迷惑百姓，不为后代子孙作长久考虑。如今看上去虽然太平，但它的灭亡就在眼前！”父亲听了既感到惊讶又认为儿子与众不同。

果然没几年后隋朝就灭亡了。

【故事出处】

房玄龄（唐太宗时任宰相）**幼聪敏**（聪明），**博览经**（指儒家经典著作）**史**（历史），**工**（擅长）**草隶**（草书与隶书），**善属文**（写文章）。**尝**（曾）**从**（跟随）**其父亲至京师**（京城。即今陕西西安市），**时**（当时）**天下宁晏**（安宁太平），**论者**（议论的人）**咸**（都）**以**（认为）**国祚**（国运）**方永**（正长久）。**玄龄乃避左右**（周围的人）**告父曰：“隋帝**（指隋炀帝杨广）**本无功德，但**（只会）**诳惑**（欺骗迷惑）**黔黎**（百姓），**不为后嗣**（继承人）**长计，今虽清平，其亡**（灭亡）**可翘足而待**（形容轻易且时间短暂）。**”彦谦**（即房彦谦，房玄龄之父）**惊而异之**（认为他与众不同）。

（节选自《旧唐书》）

【点评】

聪明人能预见未来！

10. 闵子骞顾全大局

【智慧故事】

闵（mǐn）子骞的母亲早死，留下兄弟两人。父亲再婚，又生了两个儿子。有一年冬天，闵子骞替父亲赶马车，竟抓不住马缰绳。父亲感到奇怪，一摸儿子的手，冷得很，看看他的衣服，穿得极单薄。

父亲回家后，叫后妻及其儿子过去，摸摸其儿子的手，暖呼呼的，衣服也穿得很厚。于是父亲发怒了，对妻子说："我所以要娶你，是为了照顾我的两个儿子。如今你欺侮我，让我的儿子受冻。你走吧，我不留你！"

闵子骞在一旁说："继母在，只有我一个人受冻，要是继母走了，我们四个孩子都会受冻。"表示希望继母留下。

父亲听了默不作声，后来继母也对此十分懊悔。

【故事出处】

闵子骞兄弟二人，母卒（死）**，其父更**（再）**娶，复**（又）**生二子。子骞为其父御**（赶车）**，失辔**（pèi，缰绳）**。父持**（抓住）**其手，寒，衣甚单。父归，呼其妻儿，持其手，温，衣甚厚。父怒，谓其妇曰："吾所以娶汝**（你）**，乃**（是）**为吾子，今汝欺我，寒儿**（使我儿子受冻）**，汝去**（离开）**无留！"子骞曰："母在，一子**（指自己）**寒；母去，四子寒。"其父默然，后妇亦悔之**（对此感到懊悔）。

（节选自《东望楼记事》）

【点评】

小小年纪，能想到顾全大局，很不容易！

11. 司马遹多智慧

【智慧故事】

晋惠帝司马遹(yù),从小聪明。

有一年皇宫里晚上失火。父亲晋武帝登楼观望。司马遹拉着他的衣服,叫他躲到暗处去。晋惠帝问他什么原因,回答说:“在夜色慌乱之中,应防备非常事故,不能让火光照着你。”当时司马遹才五岁,晋武帝十分赞赏他与众不同。

有一次,司马遹跟着武帝参观猪圈,对武帝说:“猪长得很肥,为什么不杀了养人,而要白白地浪费粮食?”武帝拍着他的背说:“这孩子将来一定会使我家业兴盛!”

【故事出处】

晋惠帝遹,自幼聪慧。宫中尝(曾)**夜失火。武帝**(指晋武帝司马炎)**登楼望之。太子**(指司马遹)**乃牵**(拉)**帝衣入暗中。帝问其故,对**(回答)**曰:“暮夜仓卒**(慌乱)**,宜备**(防)**非常**(不寻常的事)**,不可令**(让)**照见人主**(指皇帝)**。”时遹才五岁耳。帝大**(特别)**奇之**(认为他与众不同)。

尝从(跟随)**帝观豕**(shǐ,猪)**牢**(此指猪圈)**,言于帝曰:“豕甚肥,何不杀以养士**(人)**,而令**(使)**坐**(白白地)**费五谷**(泛指粮食)**?”帝抚**(拍)**其背曰:“是儿当兴**(使……兴旺)**吾家!”**

(节选自《智囊》)

【点评】

五岁的孩子,见识在常人之上!

12. 王冕僧寺夜读

【智慧故事】

元末明初的王冕(miǎn),浙江诸暨人。他七八岁时,父亲叫他去田埂上牧牛,路过私塾时,悄悄地进去听学生们背书,听了几遍,就能默默地记住。傍晚回家,竟把牛丢了。父亲很生气,打了他。后来,还是这样。

母亲说:"孩子对读书如此痴迷,为什么不听从他喜欢的呢?"

王冕于是离家,在寺庙旁住下来。白天干活,晚上悄悄出门,坐在大佛像的膝盖上,拿着书本,在长明的油灯下读书,书声琅琅,直到天亮。佛像大多是用泥塑的,狰狞可怕,王冕虽然是小孩子,然而他内心安然,仿佛什么也没看见。

浙江会稽郡的韩性听说这事后,认为王冕这孩子与众不同,就把他收为学生,最终王冕成了博学的文人。

【故事出处】

王冕者,诸暨(今浙江诸暨市)**人。七八岁时,父命**(使)**牧牛垄**(田埂)**上,窃入学舍,听诸生**(学生们)**诵书,听已**(完)**,辄**(就)**默记。暮归,忘其牛。**

父怒，挞（打）**之。已而**（不久）**复如初。母曰："儿痴**（此指沉迷）**如此，曷不**（何不）**听**（听从）**其所为？"**

冕因去（离家）**依**（靠着）**僧寺以居。夜潜出，坐佛膝上，执**（拿着）**策**（书本）**映长明灯**（佛像前昼夜不熄的油灯）**读之，琅琅达旦。佛像多土偶**（泥塑的偶像），**狞恶**（狰狞凶恶）**可怖，冕小儿，恬**（tián，内心安定）**若不见。**

会稽（今浙江绍兴市。会稽郡治所在山阴）**韩性闻而异之**（认为王冕与众不同），**录**（收）**为弟子**（学生），**遂**（就）**为通儒**（博学的儒生）。

（节选自《王冕传》）

【点评】

创造条件刻苦自学！

13. 麻九畴不惧皇帝

【智慧故事】

金人麻九畴（chóu），字知几，三岁识字，七岁能写草书，写的字有时有好几尺大，当时名声远扬，被人视为神童。

皇帝章宗召见他，问："你进入皇宫也有点害怕吗？"麻九畴答道："君臣之间，就是父子关系，哪有儿子怕父亲的？"

章宗听后认为这孩子与众不同。

【故事出处】

麻九畴字知几，易州（今河北境内）**人。三岁识字，七岁能草书，作**（写）**大字有及**（达到）**数尺者，一时目**（视）**为神童。**

章宗（金国皇帝）**召见，问："卿**（你）**入宫殿亦惧怯否？"对**（回答）**曰："君臣，父子也，子宁**（怎么会）**惧父耶？"上大奇之**（认为与众不同）。

（节选自《金史》）

【点评】

说得有理！

14. 文彦博注水取球

【智慧故事】

北宋的文彦博，在宋仁宗时曾任宰相。

他小时候，跟一群小孩子玩击球的游戏。不料球掉进了柱头旁的洞穴中。大伙儿眼睁睁地看着没法取出。这时文彦博端来一盆水，把它注入洞穴，球浮上来了，轻易地被取出。

大家都说彦博聪明！

【故事出处】

彦博幼时，与群儿戏击球。球入柱穴（洞）**中，不能取。公**（指文彦博）**以水灌之，球浮出。**

（节选自《智囊》）

【点评】

谁说"小时了了，大未必佳"！

15. 徐孺子论眼中瞳子

【智慧故事】

徐孺子是东汉的著名人士。

他九岁时，有一天在月光下游戏。有人对他说："假如月亮中没有什么东西，应当会更加明亮吧？"

徐孺子说："不对。好比人眼中有瞳仁，要是没它，一定什么也看不见。"

【故事出处】

徐孺子年九岁，尝（曾）**月下戏。人语之曰："若令月中无物**（传说中的嫦娥、吴刚等）**，当极明邪？"徐曰："不然**（这样）。**譬如人眼中有瞳子**（即瞳仁），**无此必不明。"**

（节选自《世说新语》）

【点评】

这是九岁孩子打的比方，虽并不确当，但也巧妙！

16. 李东阳巧对明天子

【智慧故事】

明朝的李东阳,四岁时就能写大字。景泰年间,凭神童被推荐给朝廷。

因为人小,进宫时由太监扶着他跨过门槛。太监跟他开玩笑说:“神童脚短。”李东阳立刻回答说:“天子门高。”进入宫中拜见皇帝后,皇帝朱祁钰(yù)命他写“龙”、“凤”、“龟”、“麟”等十多字,他写得都很好。皇帝很高兴,把他抱放在膝上,给他吃御花园中的水果,还赐给他皇宫内府的银元宝。

那时,他的父亲拜见皇帝后站在台阶下。皇帝见此情景就问李东阳:“儿子坐着,而父亲站着,这合乎礼仪吗?”李应声对答道:“嫂嫂落水,小叔子用手去拉她,这是权宜之计。”

【故事出处】

李东阳四岁能作大书(写大字)。**景泰**(明代宗的年号)**时,以神童荐。内侍**(太监)**扶过殿门,曰:“神童脚短。”应声曰:“天子门**(门槛)**高。”既**(已)**入谒**(拜见)**,命书“龙”、“凤”、“龟”、“麟”十余字。上喜,抱置膝,赐上林**(指上林苑。皇帝私人花园)**珍果及内府宝镪**(qiǎng,银子)。**时其父拜起,侍丹墀**(chí,红色台阶)**下。帝曰:“子坐父立,礼乎?”应声曰:“嫂溺**(淹水)**叔**(父亲的弟弟,俗称“小叔子”)**援**(拉)**,权**(权宜之计,即临时的应急办法)**也。”**

(节选自《罪惟录》)

【点评】

好一个伶牙俐齿的神童!

17. 夏侯荣七岁能作文

【智慧故事】

三国时魏国有个叫夏侯荣的，从小天资聪颖，七岁就能写诗作文，每天读书千字，过目不忘。

魏文帝曹丕听说后，请他来见面。当时宾客有一百多位，每人都取出一张名帖，上面写着各自的籍贯姓名，给夏侯荣看一眼，然后让他跟所有的宾客交谈，结果没一个搞错的。

曹丕深感这孩子与众不同。

【故事出处】

夏侯荣字（表字）**幼权，幼聪惠**（同“慧”，聪明），**七岁能属文**（写文章），**诵书日千言，经目辄**（就）**识**（zhì，记住）**之。**

文帝（指魏文帝曹丕）**闻而请焉**（他）。**宾客百余人，人一奏**（呈上）**刺**（名帖）。**悉**（都）**书**（写）**其乡邑名氏**（姓）。**客示之**（给他看），**一寓**（入）**目，使之遍谈，不谬**（错）**一人。帝深奇之。**

（节选自《三国志》）

【点评】

记性好是聪明的前提！

18. 牧童指瑕

【智慧故事】

四川境内有个杜先生，酷爱书画。他所珍藏的名字名画有数百幅。其中对唐朝画家戴嵩的一轴《斗牛图》尤其钟爱，用织锦的套子装好，用玉做卷轴，经常随身携带。

有一天骄阳高照，他把画拿出来晒晒。

有个牧童看到了这幅画，拍手大笑说："这上面画的是斗牛。牛争斗时力量全在角上，尾巴夹在两腿之间。如今却是摆动尾巴在斗，错啦！"

杜先生笑了，认为牧童说得有理。

古语说："耕田要请问奴仆，织布要请教婢女。"这是不可改变的。

【故事出处】

蜀中（今四川境内）**有杜处士**（未做官的读书人），**好书画，所宝**（珍藏）**以百数**（用百来计算，即数百）。**有戴嵩**（唐朝著名画家，善画牛）**牛**（指《斗牛图》）**一轴**（一幅卷轴），**尤**（尤其）**所爱，锦囊**（用织锦做套子）**玉轴**（用玉做卷轴），**常以身随。一日曝**（pù，晒）**书画，有牧童见之，拊掌**（拍手。"拊"同"抚"）**大笑曰："此画斗牛也。牛斗力**（力量）**在角，尾搐**（chù，夹）**入两股**（大腿）**间。今乃**（却）**掉**（摆动）**尾而斗，谬**（错）**也！"处士笑而然之**（认为牧童说得对）。**古语有云**（说）**："耕当问奴**（男仆），**织当问婢**（女仆）。**"不可改也。**

（节选自《苏东坡文集》）

【点评】

经验是智慧的基石！

19. 贾逵十岁默背《六经》

【智慧故事】

贾逵是东汉著名的学者，五岁时就聪明过人。

他的姊姊听到邻居中有人在读书，便早晚抱着他隔着篱笆听人读书。贾逵静静地听着，不言不语，姊姊很高兴。

到十岁，他竟然能默背《六经》。姊姊问他："我们家贫困，也从未有教师进门，你怎么知道世上有这些经典而且背得一句不漏？"贾逵说："早年你抱着我隔着篱笆，听邻居读书，我全记住了，所以万不漏一。"

他剥下院子里桑树的皮作为纸张，有时把字写在门上屏风上，边朗读边记住，一年后对儒家经典都精通了。

【故事出处】

贾逵年五岁，明惠（同"慧"，聪明）**过人。其姊闻邻中读书，旦夕**（早晚）**抱逵隔篱**（篱笆）**而听之。逵静听不言，姊以为喜。至年十岁，乃暗诵**（默背）**《六经》**（指《书》、《诗》、《礼》、《易》、《春秋》及《乐经》）。**姊谓逵曰："吾家贫困，未尝**（曾）**有教者入门，汝**（你）**安知有《三坟》、《五典》**（泛指儒家经典）**而诵无遗**（遗漏）**耶**（呢）**？"逵曰："忆昔**（从前）**姊抱逵于篱间，听邻家读书，今万不遗一。"乃剥庭中桑皮以为牒**（木简或竹简），**或**（有时）**题**（写）**于扉屏**（门与屏风），**且诵且记。期年**（满一年），**经文通遍**。

（节选自《拾遗记》）

【点评】

虽然天资好，但还需勤诵勤记！

20. 匡衡凿壁借光

【智慧故事】

汉朝的匡衡，勤奋读书但家中无蜡烛，白天忙于耕种，只有利用夜间看书。

没有蜡烛怎么办？邻居家有烛，可烛光透不过来。于是他在墙上凿了个小洞，让烛光透过来，然后映着微弱的光线看书。

同乡有个大户人家，姓文名不识，家中有很多书，匡衡就给他家耕作而不求报酬。主人感到奇怪，问匡衡，匡衡说："希望得到主人家的书，让我全部读一遍。"主人感叹，把书借给他。

匡衡后来就成了一个大学问家，并且做了丞相。

【故事出处】

匡衡勤学而无烛。邻舍有烛而不逮（指烛光透不过来。逮，及、到）。**衡乃穿壁**（壁上凿个洞）**引**（引进）**其光，以书映光而读之。邑**（当地）**人大姓**（大户人家）**文不识，家富**（多）**书，衡乃与**（给）**其佣作**（做雇工耕作）**而不求偿**（报酬）。**主人怪**（感到奇怪）**问衡。衡曰："愿**（希望）**得主人书遍**（尽）**读之。"主人感叹，资**（借）**给**（供给）**以书，遂成大学**（大学问家）。

（节选自《西京杂记》）

【点评】

学习条件靠自己创造！

21. 司马光救友

【智慧故事】

北宋的司马光长到七岁时，严肃庄重得如同成人，听有人在讲解《左氏春秋》，他喜爱这部书，回去后对家里的人讲解，就能说出其中的主要意思。从此手不释卷，甚至到了忘记饥饿口渴及冷热的地步。

有一天，儿童们在院子里游戏，一个小孩爬上陶瓮，不小心失足沉没在瓮中，大家都丢下他逃离。司马光沉着冷静，拿起石块撞击陶瓮，陶瓮破了，水喷涌而出，那小孩得救了。

【故事出处】

光（司马光）**生**（长到）**七岁，凛然**（严肃庄重的样子）**如成人，闻讲《左氏春秋》，爱之**（指代《左氏春秋》），**退**（回去后）**为家人讲，即了**（明白）**其大指**（主要意思。指，同“旨”）。**自是**（从此）**手不释**（放下）**书，至**（甚至）**不知饥渴寒暑。**

群儿戏于庭（院子），**一儿登瓮**（wèng，口小腹大的陶制盛器），**足跌**（失足）**没**（沉入）**水中，众皆弃去**（抛下那小儿逃离），**光**（司马光）**持**（拿着）**石击**（撞击）**瓮破之，水迸**（bèng，涌出），**儿得活。**

（节选自《宋史》）

【点评】

机智是聪明的一种表现！

22. 鲍子知“生存竞争”

【智慧故事】

齐国有个姓田的贵族出远门前设宴祭祀路神，参加宴会的门下食客有千人。有人送来鱼，有人送来雁。姓田的见后，便感慨地说：“老天爷对百姓恩重啊！繁殖五谷，降生鱼鸟，让生民作为食用。”很多食客附和他的言论。

有个姓鲍的人家的孩子，十二岁，也在座。他开口说：“不像你所说的！世上万物跟我们一样出生，是同类生物。同类的生物不分贵与贱，仅仅因为智慧与能力有高低有大小的区别罢了，互相吃食，不是因对方而降生的。人获取可吃的便吃，难道是老天故意降生那些食物让人吃的？再说，蚊蚋叮咬皮肤吸人的血，虎狼要吃肉，也不是老天爷故意为了蚊蚋而让人降生、为了虎狼有肉吃而降生其他动物！”

众人听了有的点头称道，有的哑口无言。

【故事出处】

齐（齐国）**田氏**（姓田的）**祖**（出远门前设宴祭路神）**于庭**（大厅），**食客**（门下依附的客人）千人。有献鱼、雁者。田氏视之，乃叹曰："天之（句中助词，无义）于民厚（恩重）矣！殖（繁殖）五谷，生鱼鸟，以之（指代鱼鸟之类）为用（食用）。"众客和（附和）之。

有鲍氏之子，年十二，亦（也）在坐，进（开口）曰："不如（像）君言（你所说的）。天地万物与我并（一样）生，类（同类）也。类无贵贱，徒（仅）以（因为）小大智力（智与力有大有小）而相别（区别），彼此（互相）相食，非相为而生。人取可食者食之，岂天本（故意）为人生之？且蚊蚋（ruì，一种吸人血的小虫）噆（zǎn，叮咬）肤、虎狼食肉（动物的肉），非天本为蚋生人、虎狼生肉者也！"

（节选自《列子》）

【点评】

二千年前的少年竟有如此见识，远胜过达尔文！

23. 岳柱八岁指画疵

【智慧故事】

元朝的岳柱，字止所，八岁时看到画师何澄画的《陶母剪发图》——图意为晋朝大政治家陶侃早年家贫，孀母靠纺织供其读书、交游。有一次朋友来访，陶母无力招待，便剪下一绺长发去换酒。岳柱指着陶母腕上的金手镯，反问道："金镯子可以换酒，何必要剪头发呢？"

何澄听说后十分惊异。由此可以悟出作画的道理了。

【故事出处】

元(元朝)**岳柱**(维吾尔族人，官至朝廷大臣)**字**(表字)**止所，八岁观何澄画《陶母剪发图》，柱指陶母腕上金钏**(chuàn，金手镯)，**诘**(反问)**之**(指代何澄)**曰："金钏可易**(换)**酒，何用剪发为**(表示反问语气)**也？"何**(何澄)**大惊异**。

观此可知画理(作画的道理，此指作画要真实)**矣**。

(节选自《戒庵老人漫笔》)

【点评】

岳柱合理的推理，点破了图画中的疵点！

24. 孟敏不视破甑

【智慧故事】

东汉的孟敏是巨鹿人，客居太原。

一次，他扛着的瓦罐失手掉在地上摔破了，便看都不看就走了。有个叫郭泰的看到了，问他什么意思。孟敏回答说："瓦罐已经破了，再看它有什么用？"

郭泰觉得这孩子与众不同，因此鼓励他的家人让他外出游学。十年后果然成名，朝廷三公都征召他去做官，但他都没去。

【故事出处】

孟敏字（表字）**叔达，巨鹿**（今河北巨鹿县）**人也，客居太原。尝荷**（扛着）**甑**（zèng，陶制蒸食器）**堕地，不顾**（回头看）**而去。郭泰见而问其意，对**（回答）**曰："甑以**（同"已"）**破矣，视之何益？"**

泰以此异之（认为与众不同），**因劝**（鼓励）**令游学。十年知名，三公**（朝廷的三位行政主管）**俱辟**（都征召），**并**（都）**不从。**

（节选自《后汉书》）

【点评】

抛弃悔恨，轻装上路！

25. 王戎识李

【智慧故事】

晋朝的王戎，七岁时有一次跟一群小朋友一同游玩。他们看到路边李树上结了很多果子，几乎要把枝条压折了。小朋友们争着奔过去摘李子，只有王戎站着不动。

有人问王戎，为什么不去摘。王戎回答说："李树在路边而结了很多果子，这一定是苦李。"

后来，有人摘下来尝一口，果然是苦李。

【故事出处】

王戎(róng)**七岁，尝**(曾)**与诸**(众)**小儿游。看道边李树多子**(果)**折枝**(几乎要压断枝条)。**诸儿竞**(争)**走**(奔)**取之，唯**(只有)**戎不动。人问之，答曰："树在道旁而多子，此必苦李。"**

取之，信然(确实这样)。

(节选自《世说新语》)

【点评】

小小年纪，竟能逻辑推理！

26. “圣小儿”祖莹

【智慧故事】

祖莹是后魏人，官至车骑大将军。

他八岁时就能背诵《诗经》、《书经》，酷爱阅读。父母担心他得病，可是怎么也阻挡不了。他经常秘密地在灰中贮藏火种，赶走仆人，等待父母上床睡觉后，点燃火种再读书。为了不让火光外露，被家人发觉，他就用衣服被子等遮住窗户。

从此名声大振，亲朋好友都叫他“圣小儿”。

【故事出处】

祖莹年八岁能诵（默背）**《诗》、《书》，耽**（酷爱）**书，父母恐其成疾**（生病），**禁之不能止**（停止）。**常密**（秘密）**于灰中藏火**（火种），**驱逐僮仆，父母寝睡之后，燃火读书，以衣被塞**（遮住）**窗户**（门），**恐漏光明**（光线），**为**（被）**家人所觉**（发觉）。

由是（从此）**声誉甚盛**（很大），**内外亲属**（家族人员及亲戚）**呼为“圣**（异常聪明）**小儿”**。

（节选自《北史》）

【点评】

自觉读书的人必将成为有用的人！

27. 神童晏殊见天子

【智慧故事】

宋朝的晏殊字同叔，江西临川人，曾任宰相。

他七岁就能写文章。宋真宗景德年间，张知白巡视江南，发现了这个少年天才，便以“神童”的身份把他推荐给朝廷。宋真宗召见晏殊，让他和一千多个进士一起在朝廷中考试。晏殊神色不变，毫不害怕，拿起笔来，一会儿就写成了。宋真宗看了他的文章，很欣赏，赐给他“同进士出身”的科举身份。

两天后，又考诗、赋、论。晏殊见试题后报告皇帝：“我曾经私下练习过这赋的题目，请给我出另一道题目。”宋真宗喜爱他诚实不欺骗。

晏殊写成后，宋真宗一再说写得好！

【故事出处】

晏殊字（表字）**同叔，抚州临川**（今江西抚州市临川区）**人。七岁能属文**（作文），**景德**（宋真宗年号）**初，张知白安抚**（巡视）**江南**（今长江中游以南地区），**以**（凭）**神童荐之。帝**（指宋真宗）**召殊**（晏殊）**与进士**（科举中的一种身份）**千余人并**（一同）**试廷**（朝廷）**中，殊神气不慑**（惧怕），**援**（拿起）**笔立成。帝嘉**（赞美）**赏，赐同进士出身**（科举中的一种身份）。**后二日，复**（又）**试诗、赋、论**（三种文体），**殊奏**（向皇帝报告）：**“臣**（我）**尝**（曾）**习**（练习）**此赋，请试他**（别的）**题。”帝爱其不欺。既成，数**（多次）**称善**（称赞写得好）。

（节选自《宋史》）

【点评】

聪明又诚实的孩子，真是好上加好！

28. 少年县令

【智慧故事】

子奇十六岁，齐国国君派他去治理阿县。不多久，齐君对这件事懊悔了，派人把子奇追回来。

使者回到国都向齐君报告说：“子奇一定能把阿县治理好。”

齐君问：“凭什么这么说？”

使者说：“我看到跟他一起坐在车子里的都是白发老人。凭老人的智慧，再加上年轻子奇的决断，阿县一定能治理好！”

子奇到了阿县，下令熔化仓库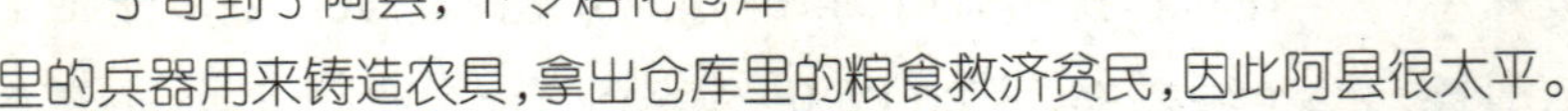里的兵器用来铸造农具，拿出仓库里的粮食救济贫民，因此阿县很太平。

魏国听说一个小家伙在管理阿县，仓库里既无兵器又无粮食，就想乘机袭击阿县。没想到阿县的百姓父亲带着儿子，兄长带着弟弟，用私家的兵器迎战，结果大败魏军。

【故事出处】

子奇年十六，齐君使治阿（今山东东阿县）。**既而**（不久）**悔之，遣**（派）**使者追。追者反**（同“返”），**曰：“子奇必能治阿，共载者**（坐在同一辆车子里的人）**皆白首**（头）**也。夫**（发语词，无义）**以**（凭）**老者之智，以少者**（年轻人。指子奇）**决**（决断）**之，必能治阿矣！”**

子奇至阿，铸（熔）**库兵**（兵器）**以**（用来）**作耕器，出仓廪**（lǐn，贮藏粮食的仓库）**以赈**（救济）**贫穷，阿县大治**（很太平）。

魏（魏国）**闻童子**（小孩子。指子奇）**治邑**（县），**库无兵，仓无粮，乃起**（发）**兵击之。阿人父率**（带领）**子，兄率弟，以私兵**（私家兵器）**战，遂败魏师**（军）。

（节选自《意林》）

【点评】

老少结合，谋划与决断俱备，无往而不胜！

29. 曹冲救库吏

【智慧故事】

曹操的马鞍存放在兵器库里，被老鼠咬坏了。管兵器库的小官吏十分恐惧，以为必死无疑，打算自首，但还是怕免不了惩罚。曹操的儿子曹冲得知这件事后对库吏说："再等三天，然后自首。"曹冲于是用刀戳破了自己的单衣，像被老鼠咬坏的样子，谎称心里有不愉快的事，脸上显出忧愁的神色。曹操问他，曹冲回答说："世上一般人都认为老鼠咬破衣服，它的主人就不吉利。如今我的单衣被老鼠咬破了，因此心里悲伤。"曹操说："这是胡说八道罢了，不必忧虑！"一会儿库吏把马鞍被老鼠咬坏的事报告给曹操。曹操笑着说："我儿子的衣服放在身旁，尚且被老鼠咬坏，何况马鞍悬挂在库房的柱头上呢！"丝毫不加追究。库吏终于逃过一劫。

【故事出处】

太祖（指曹操）**马鞍在库，而为**（被）**鼠所啮**（niè，咬）。**库吏惧必死，议**（商量）**欲首罪**（自首认罪），**犹惧不免。冲**（曹冲。曹操的儿子）**谓曰："待三日中，然后自归**（自首）。"**冲于是以刀穿**（戳破）**单衣，如鼠啮者，谬为**（谎称）**失意**（心中不愉快），**貌有愁色。太祖问之，冲对**（回答）**曰："世俗**（世上一般人）**以为**（认为）**鼠啮衣者，其主**（主人）**不吉。今单衣见**（被）**啮，是以**（因此）**忧戚**（悲伤）。"**太祖曰："此妄言**（胡说八道）**耳**（罢了），**无所**（不需）**苦**（苦恼）**也。"俄而**（一会儿）**库吏以啮鞍闻**（使人听到。即报告）。**太祖笑曰："儿衣在侧**（身旁），**尚**（尚且）**啮，况鞍县**（同"悬"，挂）**柱间乎！"一无所问**（丝毫不追问）。

（节选自《三国志》）

【点评】

一个善意的谎言，救了库吏一命！

30. 宋濂早年苦学

【智慧故事】

明朝的宋濂曾任宰相，是著名的学者。

他说他小时候就酷爱读书，可是家庭贫寒，没办法买书阅读。常到藏书的人家去借书，借回来亲自抄录，计算着日子按时归还。有时候天极寒冷，砚台里结了坚硬的冰，手指冻得无法屈伸，即使这样也不放松读书与抄录的事。一旦抄录完毕，便奔着送还，不敢稍微超过一点时间，因此很多人愿意把书借给他，他因而能广泛地阅读。

【故事出处】

余（宋濂自称。我）**幼时即嗜**（酷爱）**学，家贫无以**（没办法）**致**（买）**书以观。每**（常）**假借**（借）**于藏书之家，手自**（亲手）**笔录**（用笔抄录），**计日以还。天大**（极）**寒，砚冰坚，手指不可屈伸，弗之怠**（即"弗怠之"，不放松抄录），**录毕**（结束）**走**（奔）**送之，不敢稍逾约**（超过约定还期），**是以**（因此）**人多以书假**（借）**余，余因得**（能够）**遍**（广泛地）**观群**（很多）**书。**

（节选自《宋学士文集》）

【点评】

穷则思变，借书读抄是个好办法！

31. 高则诚七岁对尚书

【智慧故事】

明朝的高则诚，六七岁时就聪颖异常。

有一天他从私塾放学回家，正遇上邻居某尚书穿着红袍出门送客。当时高则诚穿着绿衣。尚书叫住他，调侃说：“出水蛙儿穿绿衣，美目盼兮。”意为小孩子穿着绿色衣服，像出水的青蛙，明亮的眼睛东张西望。

高则诚立即回答：“落汤虾子着红衫，鞠躬如也。”意为掉进开水里的虾满身是红色，弯着身子彬彬有礼。

尚书听了大为惊讶，称高则诚为奇童。

【故事出处】

高则诚六七岁，颖（聪明）**异不凡。邻有尚书**（职官名称。朝廷六部的长官）**某绯**（红色）**袍送客，高适**（恰巧）**自塾归，时衣**（穿）**绿衣，尚书呼语之曰：“出水蛙儿穿绿衣，美目盼兮**（xī，眼睛明亮，东张西望。这是《诗经》中的一个句子）。**”高**（高则诚）**应声曰：“落汤虾子着**（穿）**红衫，鞠躬如也**（弯着身子，彬彬有礼。这是《论语》中的一个句子）。**”尚书大惊异，以此奇之。**

（节选自《古今谭概》）

【点评】

小小年纪，出口成章，对得这般工整而恰当，真是天才！

32. 孔融十岁讥陈韪

【智慧故事】

孔融十岁的时候，跟着父亲来到京城洛阳。

洛阳有个司隶校尉姓李名膺(yīng)，此人在东汉末年声望很高，因为他做过郡太守，一般人尊称他为李府君。当时能够入门拜访的，都是一时之俊才名士或李膺的本家亲戚，才能通报接见。其他人一概不接待。

孔融是孔子二十代子孙。一天，他独自来到李膺家。守门的门吏问："你是谁？"

"我是李府君的亲戚，特来拜访他。"孔融沉着地说。

守门的把孔融打量一番，显出将信将疑的神色，但又不敢拒绝，万一真是的，岂不要闯下大祸，于是便进去通报了。

门吏已经通报上去，孔融上前坐下来。李膺见进来的是小孩，好生奇怪，忍不住问："您跟我是什么亲戚关系？"

孔融说："我是孔仲尼的子孙，您是李伯阳(即李耳，俗称老子)的后世，从前李伯阳跟孔仲尼有亲密的师友关系，所以我跟您也算得上是世交。"

"噢！"李膺仿佛若有所悟似的

发出了一声感叹。据历史记载，孔子曾向老子请教过周朝的礼仪制度。他觉得这小孩很聪明，在座的客人也无不用惊喜的眼光看待孔融。

一会儿，太中大夫陈韪（wěi）进来了，有人把刚才发生的事告诉了他。陈韪撇撇嘴显出不以为然的样子说："别看他小时候很聪明，长大了不一定有出息。"

孔融立刻针锋相对地讽刺他一句："这样说来，您先生小时候一定很聪明的啰。"

"……"陈韪一时无言可答，讪讪地左顾右盼，局促不安。

陈韪原想贬低孔融，因此说小时候聪明的长大了未必有出息。孔融抓住陈韪的论点，反过来挖苦陈韪，意思是说陈韪因为小时候太聪明了，所以现在这样愚蠢。

【故事出处】

孔文举（孔融字文举）**年十岁，随父到洛**（洛阳）。**时李元礼**（李膺字元礼）**有盛名，为司隶校尉**（职官名称）。**诣门者**（上门拜访的人）**皆俊才清称**（有名声）**及中表**（表兄弟姊妹）**亲戚，乃通**（才能通报接见）。**文举至门，谓吏曰："我是李府君**（汉时称太守为府君。此指李元礼）**亲。"**

既通，前坐。元礼问曰："君（你）**与仆**（我）**有何亲？"对曰："昔先君仲尼与君先人伯阳**（即老子李耳）**有师资**（师）**之尊，是**（这表明）**仆**（我）**与君奕世**（累世）**为通好也。"元礼及宾客莫不奇之。**

太中大夫（职官名称）**陈韪后至，人以其语**（孔融的话）**语**（告诉）**之，韪曰："小时了了**（聪明），**大**（长大）**未必佳。"文举曰："想君小时，必当了了。"韪大踧踖**（cù jí，局促不安的样子）。

（节选自《世说新语》）

【点评】

能进入李膺府上已不寻常，反讥陈韪更显了不得！

33. 庄有恭与镇粤将军对对子

【智慧故事】

广东的庄有恭，曾任刑部尚书，他年幼时有神童的美誉。

他的家紧靠镇粤将军的官署。有一天，庄有恭放的风筝落在将军官署的内宅里。他便径直进入官署，门卫因为他年幼而忽略了，没阻止他。

这时将军正在跟朋友下象棋，见这小孩神态与气质非同一般，立刻问道："小孩子从什么地方来？"庄有恭以实话回答。将军又问："你读过书吗？曾对过对子吗？"庄有恭说："对对子，小事一桩，有什么难的？"将军问："能对几个字？"庄有恭说："一个字能对，一百个字也能对。"

将军认为他说得有点夸张，便指着厅堂里挂的一幅画让他对对子。将军说上联："旧画一堂，龙不吟，虎不啸，花不闻香鸟不叫，见此小子可笑可笑。"龙、虎及花诸物，都是画面上的东西。庄有恭灵机一动说："就拿你们这局棋来对。"接着说，"残棋半局，车无轮，马无鞍，炮无烟火卒无粮，喝声将军提防提防！"

在座的人大为惊讶，没想到这小孩竟如此聪颖。

【故事出处】

庄有恭幼有神童之誉（美名）。**家邻镇粤将军署**（官府）。**时为放风筝之戏，适**（恰巧）**落于将军署之内宅。庄直入索取，诸役**（众差役）**以其幼而忽**（忽略）**之，未及阻其前进。**

将军方（正）**与客对弈**（下棋），**见其神格**（神态与气质）**非凡，遽**（立刻）**诘**（问）**之曰："童子何来？"庄以实对。将军曰："汝**（你）**曾读书否？曾属对**（作对子）**否？"庄曰："对，小事耳，何难之有**（有什么难的）**？"将军曰："能对几**

字?”庄曰:“一字能之,一百字亦能之。”

将军以其言之大而夸也,因指厅事(厅堂)**所张**(挂)**画幅而命之对曰:“旧画一堂,龙不吟,虎不啸,花不闻香鸟不叫,见此小子可笑可笑!”庄曰:“即此间一局棋便可对矣。”应声**(接着对方的话)**云**(说)**:“残棋半局,车无轮,马无鞍,炮无烟火卒**(士兵)**无粮,喝声将军提防提防!”**

(节选自《清稗类钞》)

【点评】

思维敏捷,应对如流!

34. 王充市肆博览

【智慧故事】

东汉的大学问家王充，少年时就失去了父亲，他悉心照顾母亲，乡里人都说他是孝子。

后来被人推荐到京城洛阳，进入太学，拜班彪为师，学习儒家经典。因为家庭贫困，买不起书，便经常到书铺里去阅读店主出卖的书籍，只要读过一遍就能牢牢记住，于是精通诸子百家的著作，成了大学问家。

【故事出处】

充（王充）**少孤**（失去父亲），**乡里称孝。后到京师**（京城，指洛阳），**受业太学**（东汉设在京城里的最高学府），**师事班彪**（拜班彪为师。班彪是《汉书》作者班固的父亲）。**家贫无书，常游洛阳市**（市场）**肆**（店铺），**阅所卖书。一见辄**（zhé，就）**能诵**（背）**忆，遂博通**（广泛地精通）**众流**（各种流派）**百家之言**（指诸子百家的著作）。

（节选自《后汉书》）

【点评】

只要有求知欲，何处无书！

35. 王泰让枣

【智慧故事】

王泰是南朝梁代人，官至吏部尚书，主管官吏的选拔、考核等。

王泰小时候，有一次祖母召集孙子与外孙，把一小篮枣子撒在床上。孙子们争着去抢夺枣子，只有王泰站在那儿一动也不动。

有人问王泰，为什么不去争夺枣子？

王泰说："争夺是不合道义的，应该由祖母分给大家。"

从此家族中的人都认为他与众不同。

【故事出处】

王泰幼时，祖母集（召集）**诸**（众）**孙，散枣于床**（古代坐卧两用的家具）。**群儿竞**（争）**之，独**（只有）**泰不取。问其故**（原因），**曰："争取乃**（是）**非义**（不合道义），**当由祖母赐**（给）**之。"**

由是（从此）**家人异之**（认为王泰与众不同）。

（节选自《幼学琼林》）

【点评】

从小懂规矩，大必成才！

36. 孔融推梨

【智慧故事】

孔融是东汉末年著名的文学家，曾任太中大夫等职。

孔融四岁，每当跟兄长们吃梨时，总是拣小的。大人们问他这是什么原因。

孔融回答说："我年纪小，按规矩应该吃小的。"

从此，家族里的人都认为他是个奇特的孩子。

【故事出处】

孔融年四岁时，每与诸（众）**兄共食梨，融**（孔融）**辄**（zhé，总是）**引**（拿）**小者。大人问其故**（原因），**答曰："我小儿，法**（按规矩）**当取小者。"**

由是（从此）**宗族**（家族）**奇之**（认为他奇特）。

（节选自《后汉书》注引）

【点评】

真是个"小时了了"的人！

37. 韦丹放鼋

【智慧故事】

唐朝的韦丹，官至观察使。

韦丹年轻时住在洛阳。一天，他骑着驴子路过中桥，看到好几百个人在水边闹哄哄的，仔细一看，原来是捕鱼人网到了一只大鳖，而且把它拴在桥柱上。

韦丹不忍心，就问道："花多少钱可买下它？"

捕鱼人说："五千铜钱。"

韦丹说："我的这头驴子值三千铜钱，可以吗？"于是捕鱼人卖给了他。

韦丹买下大鳖后把它放入河里，自己步行而归。

【故事出处】

韦丹少(年轻时)**在洛阳，尝**(曾)**至中桥，见数百人喧**(吵闹)**集水滨**(水边)**，乃**(原来是)**渔者网得大鼋**(yuán，鳖)**，系**(拴)**之桥柱。丹不忍，问曰："几钱可赎**(指买下)**？"曰："五千。"曰**(指韦丹说)**："吾驴直**(同"值")**三千，可乎？"于是与之。**

韦丹放鼋于水，徒步(空身走路，此指不骑驴)**而归。**

(节选自《隋唐佳话》)

【点评】

韦丹有保护动物爱惜大自然的意识！

38. 黄香温席

【智慧故事】

汉朝有个叫黄香的小孩，是江夏人。

他九岁的时候，就懂得关心父母的道理。每当夏天炎热时，就会扇父母的蚊帐，让枕席清凉，使蚊子等远离，这样父母可以安睡。到了严寒的冬天，就用自己的身体暖被子，可以让父母暖烘烘地睡下。

于是黄香的名声传遍京城，人们说“天下无双，江夏黄香”。

【故事出处】

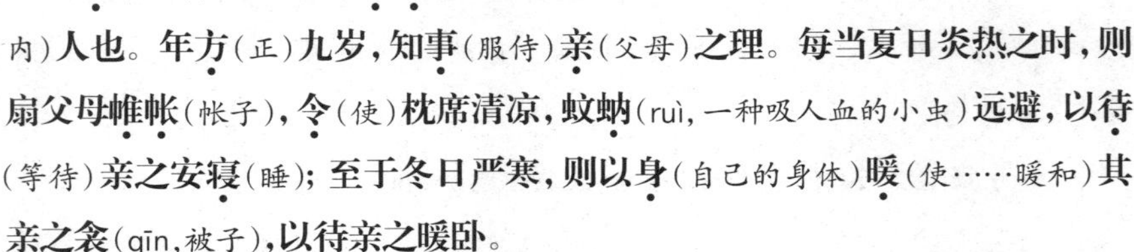

昔（从前）时黄香，江夏（今湖北境内）人也。年方（正）九岁，知事（服侍）亲（父母）之理。每当夏日炎热之时，则扇父母帷帐（帐子），令（使）枕席清凉，蚊蚋（ruì，一种吸人血的小虫）远避，以待（等待）亲之安寝（睡）；至于冬日严寒，则以身（自己的身体）暖（使……暖和）其亲之衾（qīn，被子），以待亲之暖卧。

于是名播（传播）京师（京城），号（称）曰“天下无双，江夏黄香”。

（节选自《三字经》注）

【点评】

九岁的小孩，竟想得如此周到！

39. 承宫拾薪求学

【智慧故事】

东汉的承宫，明帝时任左中郎将，战功赫赫，匈奴人很害怕他。

承宫小时候父亲就死了，八岁那年，给人牧猪。有一次他经过私塾旁，很羡慕小伙伴们在读书，回家时竟把放牧的猪丢了。主人家发怒了，要鞭打他。经书塾里的学生劝阻，事情才平息。

后来他恳求徐子盛老师收留他做学生，跟其他学生一同听《春秋经》。付不起学费怎么办？承宫就用业余时间上山砍柴，在私塾里干苦活。多年后，终于成了大学问家。

【故事出处】

承宫少孤（失去父亲），**年八岁，为人牧豕**（shǐ，猪）。**乡里徐子盛者，以《春秋经》**（孔子编写的一部鲁国历史）**授**（教）**诸生数百人。宫过息庐**（屋，此指私塾）**下，乐其业**（认为诸生做的事很快乐），**因就**（前往）**听经，遂请留门下，为诸众拾薪**（柴草），**执苦**（干苦活）**数年，勤学不倦**。

（节选自《后汉书》）

【点评】

用“拾薪”、“执苦”来换取“听经”，多么不易啊！

40. 王羲之剔吐污头面

【智慧故事】

王羲之不到十岁，大将军王敦非常喜欢他，常带他到自己的营帐中睡觉。

有一次王敦先起床出帐，王羲之还没起床。一会儿属官钱凤进来，把侍从赶走后商议事情。两人忘记了王羲之还在营帐里，却商议起反叛朝廷的阴谋。

王羲之醒后，听到了他们的谈话，知道假如被他们发觉，就没有活命的希望，于是用手指抠喉咙，一阵恶心，吐出脏物，弄脏了头、脸及被褥，接着又假装睡得很熟。

王敦跟钱凤谈到一半，突然想起王羲之还没起床，两人大惊失色，并说："一定要把他杀掉！"

于是拉开帐子，只见王羲之吐得乱七八糟，这才相信他确实还在熟睡，没听到他们的谈话。

王羲之终于保全了性命。当时人称羲之很有智谋。

【故事出处】

王右军（即王羲之，他曾任右军将军，故世称王右军）**年减**（不到）**十岁时，大将军**（指王敦，王羲之的堂伯父）**甚爱之，恒**（常）**置帐**（营帐）**中眠。大将军曾先出**（指起身出营帐），**右军**（王右军）**犹未起。须臾**（一会儿），**钱凤入，屏人**（赶走周围人）**论事，都**（全）**忘右军在帐中，便言**（议论）**逆节**（反叛朝廷）**之谋。**

右军觉，既（已）**闻所论**（议论），**知无活理，乃剔**（指抠挖喉咙）**吐污**（吐出脏物使弄污）**头、面、被褥，诈熟眠。**

敦（指王敦）**议论造**（到）**半，方**（才）**忆右军未起，相与**（一同）**大惊，曰："不得不除**（杀）**之！"乃开**（拉开）**帐，乃**（却）**见吐唾纵横**（杂乱无章的样子），**信其实**（确实）**熟眠，于是得全**（能保全性命）。

于时称其有智。

（节选自《世说新语》）

【点评】

随机应变，逃过一劫！

41. 荀灌救父

【智慧故事】

晋朝的荀崧（sōng）任襄城太守，被叛军杜曾所包围。襄城兵少，且粮食将吃尽，于是他想向平南将军石览讨救兵，但一时想不出出城的办法。

荀崧的小女儿荀灌，从小有突出的节操，当时才十三岁。

“我去！”荀灌说。

荀崧看着幼小的女儿：“你行？”

“行！”荀灌坚定地说。

于是荀灌率领数十勇士，连夜翻过城墙突围而出。

敌人发现后拼命追击。荀灌督促勉励将士，一边交战一边向前，最终赶到石览处，请求出兵援助。

杜曾听说襄城来了援兵，于是逃散了。这一切都是荀灌出的力！

【故事出处】

荀崧小女灌（荀灌），**幼有奇节**（突出的节操）。**崧为襄城**（今河南境内）**太守，为杜曾所围，力弱食尽，欲求救于平南将军石览，计无所出**（想不出办法）。**灌**（荀灌）**时年十三，乃率勇士数十人，逾城**（翻越过城墙）**突围夜出。贼**（指杜曾的士兵）**追甚急。灌督励**（督促勉励）**将士，且**（一边）**战且前，自诣**（前往）**览**（石览）**乞师**（请求出兵）。**贼闻兵至，散走，灌之力也。**

（节选自《晋书》）

【点评】

智勇双全的小女子！

42. 卢思道发奋求学

【智慧故事】

卢思道表字子行，十六岁时遇到刘松。刘松正给人写碑文，他把写的碑文给思道看。思道读后，很多地方不懂，于是感慨激奋，闭门读书，拜河南郡邢子才为师。

后来卢思道也写碑文，把它给刘松看，刘松竟然也有很多地方读不懂。思道于是感叹地说："学习有好处，难道是一句空话吗?"

刘思道又向当时的学者魏收借阅常人难见的好书，短短几年，他在才智与学识两方面明显提高。

【故事出处】

卢思道字(表字)**子行，年十六，遇刘松。松**(刘松)**为人作碑铭**(指碑文)**，以示**(让……看)**思道。思道读之，多所不解**(理解)**，于是感激**(感慨激励)**，闭门读书，师事**(拜……为师)**河南**(指河南郡)**邢子才。后思道复为文，以示刘松，松又不能甚解。思道乃喟然**(感叹的样子)**叹曰："学之有益，岂徒**(空)**然哉！"因就**(前往)**魏收**(当时著名学者)**借异书，数年之间，才学兼**(两方面)**著**(显著)。

(节选自《隋书》)

【点评】

有了自知之明，便会奋发上进！

43. 王勃写《滕王阁序》

【智慧故事】

王勃写《滕王阁序》时，只有十四岁。

有一年王勃路过江西南昌的滕王阁，当时洪州的都督姓阎，别人向他介绍王勃虽少年却有文才，他不相信。阎都督召来一批文人，请他们围绕滕王阁赋诗，王勃也在邀请之中。其实阎都督事前已叫女婿孟某写好一篇，想在众人面前露一手。等到侍从拿出纸笔，轮番地请宾客当场赋诗作文时，王勃竟不推让，提笔开始酝酿。

阎都督见此情形，不禁怒形于色，袖子一甩站起来走了，专门派人站在王勃身边，看他如何落笔。

第一次报告说，王勃写了“南昌故郡，洪都新府”。阎都督说：“也是老生常谈！”

接着又报告说，王勃写了“星分翼轸（zhěn），地接衡庐”。阎都督听了，咀嚼品味，不言不语。

一会儿又传来，说王勃写了“落霞与孤鹜齐飞，秋水共长天一色”。这下阎都督显得极为惊讶，立刻站起来，说：“这真是天才，定会流传后世，成为不朽名句！”

于是马上请王勃进入宴会厅，极为欢乐地直到终场。

【故事出处】

王勃著（写）**《滕王阁序》，时**（当时）**年十四。都督**（职官名称。此指洪州都督）**阎公**（姓阎。“公”是对人的尊称）**不之信**（即“不信之”，不相信王勃年少有才），**勃虽在座，而阎公意属**（内心希望）**子婿**（女婿）**孟学士**（姓孟。学士即读书人）**者为之**（写诗文），**已宿构矣**（早就构思好了）。**及**（等到）**以纸笔巡让宾客**（轮番请宾客当场作诗文），**勃不辞让**（推辞谦让）。**公大怒，拂衣而起，专令人伺**（等候）**其**（指代王勃）**下笔**（落笔）。

第一报云（说）：**"南昌故郡，洪都新府**（意为南昌是汉代豫章郡的治所，如今是洪州的首府）。**"公曰："亦**（也）**是老生**（老先生）**常谈！"又报云："星兮翼轸，地接衡庐**（意为洪州是天上翼、轸两个星宿的分野，它的地域连接着衡山与庐山）。**"公闻之，沉吟**（低声哼吟）**不言。又云："落霞与孤鹜齐飞，秋水共长天一色**（意为天边的几片晚霞与江上的孤鹜相并而飞，秋水和广阔的蓝天浑然一色。鹜，wù，野鸭）。**"公矍然**（惊讶的样子。矍，jué）**而起曰："此真天才，当垂**（流传）**不朽矣！"遂亟**（jí，立刻）**请宴所**（地方），**极欢而罢**（结束）。

（节选自《唐摭（zhí）言》）

【点评】

十四岁少年留下千古名篇，奇哉！

44. 偶尔一对，终身事业

【智慧故事】

宰相李西涯与翰林学士程篁墩，在明朝宪宗成化年间，都凭神童身份被推荐到京城。正当两个孩子要拜见皇帝时，恰巧京城地区长官进贡蟹来了。

皇帝见蟹，当场出上联要他们对下联。皇帝的上联是："螃蟹浑身甲胄。"意为螃蟹像武士般全身披甲衣戴头盔。程篁墩对的下联是："凤凰遍体文章。"意为凤凰周身色彩鲜艳花纹有条理。"凤凰"对"螃蟹"，"遍体"对"浑身"，"文章"对"甲胄"，对得极工整。李西涯对的下联是："蜘蛛满腹经纶（lún）。"意为蜘蛛满肚子是学问，像吐丝一般绵绵不断，同样对得工整。

后来李西涯做了宰相，处理国家大事（即"经纶"），程篁墩成了学问家，文章写得好而在世上出名（即"文章"）。他俩偶尔对一幅下联，竟然预见到了终生的事业，真是巧啊！

【故事出处】

阁老（指文渊阁大学士。即宰相）**李西涯，学士**（指翰林学士）**程篁墩，成化**（明宪宗年号）**间，各以**（因）**神童举**（推荐）**于京**（京城。即北京）。**方**（正要）**朝见，适**（恰逢）**直隶**（北京地区长官）**贡**（进献）**蟹至焉**（指宫中）。**帝即出一对**（对联）**试之云**（说）：**"螃蟹浑身甲**（甲衣）**胄**（头盔）。**"程对**（回答）**曰："凤凰遍体文章。"李对曰："蜘蛛满腹经纶**（都指丝）。**"后**（后来）**西涯入相**（做宰相）**而经济**（管理）**天下，程则终**（最终）**于学士，以文章名世**（在世上出名）。**然偶尔一对**（作对联），**而终身事业见之也**。

（节选自《七修类稿》）

【点评】

少时预见未来，未必，但对子作得好确是事实！

45. 儿童诗人李贺

【智慧故事】

唐朝诗人李贺，七岁时就能写诗作文。当时著名的文学家韩愈、皇甫湜（shí）开始都不相信。

有一天，两人特地拜访李贺的家，而且让李贺当场作诗。

李贺提起笔就写，一会儿就完成了，仿佛早就构思好似的，自己命了个题目叫《高轩过》——意为高贵的人坐着马车来访问。

韩愈和皇甫湜读后大为惊讶，从此李贺出了名。

【故事出处】

李贺七岁能辞章（指作诗写文章），**韩愈、皇甫湜始闻未信，过**（访问）**其家，使贺赋诗，援笔**（提起笔）**辄就**（就写成），**如素构**（早就构思好的），**自目**（定题目）**曰《高轩**（xuān，车子）**过》。二人大惊，自是**（从此）**有名。**

（节选自《新唐书》）

【点评】

天才也要有人发现，尤其是名人的发现！

46. 常敬忠读七遍诵万言

【智慧故事】

唐朝的常敬忠，十五岁就精通儒家经典，科举考试合格。他上书朝廷自我推荐说："千字的文章只要读一遍就能背出来。"皇帝下令让他去中书省考试，看看他果真能如此吗？主试张燕问道："你能读一遍背出一千字的文章，那么读十遍能背出一万字的文章吗？"常敬忠回答说："我自己没有试过。"

张燕就随意从书架上取出一本书，而且这书人们一般都没见过，对他说："让你读十遍把它背出来。"常敬忠端正地坐着阅读，每读一遍便在地上做个记号，读过第七遍，站起来说："我已经能够背出来。"张燕拿着书来不及看完，而常敬忠已背诵完毕，竟然一字不差，旁观的人个个感叹。

【故事出处】

常敬忠十五明经(精通儒家经典著作)**擢第**(科举考试中合格)**，上书自举**(推荐)**云**(说)**："一遍诵**(背诵)**千言**(千字)。**"敕**(chì，皇帝下令)**中书**(指中书省，朝廷行政官署)**考试。张燕公**(对人的敬称)**问曰："学士**(读书人。此指常敬忠)**能一遍诵千言，十遍诵万言乎？"对**(回答)**曰："未尝自试。"燕公遂出书，非人间所见也，谓之曰："可十遍诵之。"敬忠危**(端正)**坐而读，每遍画地为记**(记号)。**读七遍，起曰："此已诵得。"燕公执本**(书)**观览**(看)**不暇**(来不及)**，而敬忠诵毕，不差一字。见者**(旁观的人)**莫不嗟叹**(感叹)。

(节选自《唐语林》)

【点评】

超人的记忆力！

47. 曹冲称象

【智慧故事】

曹冲是曹操的儿子。六岁那年，东吴的孙权派人给曹操送去一头大象。象生活在南方，北方人很少见到它，因此吸引了很多文武官员，就连曹操也觉得新鲜有趣，前往观看。象长得鼓鼓囊囊，四条腿仿佛四根大柱子。曹操突然想到，那庞然大物究竟有多重呢？于是问大家：

“诸位文武官员，这象到底有多重，称得出来吗？”

众人顿时收敛笑容、闭口不言，他们想：哪有这么大的秤能称象？即使有这样的秤，可谁提得起来呢？

曹操扫视群臣，突然瞥见小儿子曹冲仿佛张口想说话的样子。曹操说：“你有办法？”

“有。”曹冲说，“把大象牵上大船，在水所淹到的地方刻一个记号，然后将土石装在船上，让船沉到早先刻记号的地方，这样只要称一称土石的重量，就可以知道大象的重量了。”

“好办法。”曹操高兴地说。

随即就按曹冲的办法称象，果然知道了象的重量。

【故事出处】

曹冲生(长到)**五六岁,智意**(思维能力)**所及**(达到)**,有若成人之智。**

时(那时)**孙权曾致**(送)**巨象,太祖**(指曹操)**欲知其**(指代巨象)**斤重**(重量)**,访**(问)**之群下**(手下的人)**,咸**(都)**莫能出其理**(想出称象的办法)。

冲曰:“置象大船之上(把象放到大船上)**,而刻其水痕所至,称物以载之**(把它装进船里)**,则校**(核对)**可知矣。”**

太祖大说(同“悦”)**,即施行焉**(照曹冲的办法来称象)。

(节选自《三国志》)

【点评】

从另一个角度想办法,问题就解决了!

48. 杜镐不容毁父像

【智慧故事】

宋朝的杜镐（hào），他的兄长在江南做法官。

曾经有户人家的儿子故意毁坏了父亲的画像，而且近亲可以作证。他的兄长对那儿子是否要按法纪处理，脸上露出犹豫不决的神情。

当时杜镐还年幼，问了兄长后才知道事情经过，便说："儿子毁坏父亲画像，跟僧人、道士毁坏天神像、佛像一样，理应惩罚！"

兄长认为杜镐见识不凡。

【故事出处】

杜镐侍郎（职官名称）**兄仕**（做官）**江南为法官。**

尝（曾）**有子毁父画像，为近亲所证**（见证）**者。兄疑**（犹豫）**其法，未能决，形于颜色**（脸上神色）。**镐尚幼，问知其故**（原因），**辄**（zhé，就）**曰："僧**（和尚）、**道**（道士）**毁天尊**（道教所崇拜的神像）、**佛像，可以比**（相同）**也。"兄奇之**（认为他与众不同）。

（节选自《智囊》）

【点评】

这如同故意侮辱父亲，岂可不惩戒！

49. 钟毓兄弟见魏文帝

【智慧故事】

钟毓(yù)与钟会兄弟俩，十三岁时就有美好的名声，魏文帝曹丕听说后，对他们的父亲钟繇(yáo)说："我想看看你的两个儿子，可以让他们来见我。"

兄弟俩进宫后叩见魏文帝。文帝见钟毓脸上有汗，便问："你脸上为什么有汗？"钟毓回答说："我紧张得心里发慌，所以汗流如注。"文帝又问钟会："你怎么不出汗？"钟会回答说："我害怕得发抖，所以汗流不出来。"

魏文帝听了哈哈大笑。

【故事出处】

钟毓、钟会少有令誉(美名)**，年十三，魏文帝**(指曹丕)**闻之，语其父钟繇**(朝中大臣，著名书法家)**曰："可令**(使)**二子来。"于是敕**(皇帝下的命令)**见。毓面有汗，帝曰："卿**(你)**面何以汗？"毓对曰："战战惶惶**(慌张)**，汗出如浆**(水)**。"复问会**(钟会)**："卿何以不汗？"对曰："战战栗栗**(发抖)**，汗不敢出。"**

（节选自《世说新语》）

【点评】

随机应变，回答得恰如其分！

50. 牧童逮小狼

【智慧故事】

两个牧童进山，发现了一个狼窝，窝里有两只小狼，于是打算分别捉回家。他们各自抓了一只小狼后爬上两棵树，两树相距数十步。

不久，老狼回来了，一看窝里的小狼不见了，心里很惊慌。

一个牧童在树上扭小狼的脚与耳朵，故意让它痛得直叫。老狼听到狼仔嚎叫，便抬头张望，怒气冲冲地奔到树下，一边号叫一边抓爬。这时，躲在另一棵树上的牧童也扭着小狼让它直叫，老狼闻声，又急忙奔向另一棵树，边号叫边抓爬，跟早先一样。两个牧童不停地让老狼奔到这边、奔到那边，老狼嘴里不停地号叫，脚下不停地奔跑，如此来来往往数十次，终于脚步迟缓了，叫声微弱了，不久气息奄奄地倒在地上动弹不得。

两个牧童爬下树察看，证实老狼已死，便抱着狼仔回家。

【故事出处】

两牧竖（牧童）**入山至狼穴，见穴中有狼二，谋分**（分别）**捉之。持小狼各登一树，相去数十步。少顷**（一会儿）**，大狼至，入穴失子，意甚仓皇**（惊慌）。**一竖于树上扭小狼蹄、耳，故令嗥**（大叫）。**大狼闻声仰视，怒奔树下，号且抓。其一竖又在彼**（那边）**树致**（使）**小狼嗥。大狼闻声四顾，乃舍此趋**（奔向）**彼，号抓如前状。前树又鸣，又转奔之。口无停声，足无停止，数十往复，奔渐迟，声渐弱，既而**（不久）**奄奄**（气息微弱的样子）**僵仆，久之不动。两牧竖下树视之，气已绝**（断）**矣，遂得小狼二。**

（节选自《聊斋志异》）

【点评】

后人的游击战也许从两牧童身上获得了启发！

51. 王粲默记复围棋

【智慧故事】

汉末著名诗人王粲曾经跟人一起出行。半路上见道边一块石碑上有碑文，默默读了一遍。朋友说："你能背出来吗？"王粲："能。"于是朋友让他转过身来默背，竟然一字不差。

有一次他看人下围棋，不料棋局被人弄乱了，下棋的人争执起来。王粲说："别争，我给你们把局势复原。"果然一子不差。下棋的人有点不相信，把头帕盖住棋局，让他用另一副棋子摆出，两相比较，结果一道子也不错。

【故事出处】

王粲与人共行，读道边碑（指碑文）。**人问曰："卿**（你）**能谙**（默）**诵**（背）**乎？"曰："能。"因使背**（背对碑文）**而诵之，不失一字。观人围棋，局坏**（弄乱了），**粲为复之**（把局势恢复）。**棋者**（下棋的人）**不信，以帕**（头帕）**盖局，使更**（改）**以他局为之，用**（用来）**相比较，不误一道。**

（节选自《三国志》）

【点评】

聪明人往往靠的是记忆力强！

52. 区寄杀贼

【智慧故事】

儿童区（ōu）寄，是郴州打柴放牛的孩子。他正在一边放牛一边打柴的时候，被两个蛮横的强盗绑架了。强盗把他的手反绑起来，用布袋堵住他的嘴，准备到离开本乡四十多里外的集市上卖掉他。区寄假装像普通小孩那样啼哭，害怕得发抖，显出普通小孩常有的那种胆小样子。因此强盗认为他容易对付，便对着喝酒，直至大醉。一个强盗离去，到集市上洽谈交易；另一个强盗躺下睡觉，把刀插在路旁。区寄悄悄地看着他睡着了，便把反绑他手的绳子靠在刀刃上，上下用力磨割，绳子断了；于是拿过刀杀掉了那个强盗。

区寄没逃多远，去市场洽谈买卖的那个强盗回来了，抓住了区寄，大为惊骇，准备杀死区寄。区寄急忙说："做两个主人的奴仆，哪比得上做一个主人的奴仆？他待我不好，所以我把他杀了；你如果能保全我生命并好好待我，我什么都可以答应。"

去谈交易的那个强盗考虑了好一会儿，想："与其杀死这小孩，还不如卖了他；与其卖了两个人分，哪比得上我一个人独吞呢？幸亏杀死了那同伙，好极了！"于是就埋葬了那具尸体，劫持着区寄到买主那里去。一路上越发把区寄捆绑得紧紧的。

半夜里，区寄挪动身体，把捆绑的绳子凑近炉火烧断，虽然手烧伤了也不怕；又取过刀来杀死了要卖掉他的强盗。接着便大喊，整个集市上的人都惊动了。区寄说："我是姓区人家的孩子，不该做奴仆。那两个强盗绑架了我，我幸好把他们杀死了！我希望把这件事报告给官府。"

集市上的差役报告了州官。州官又报告了府官。府官把区寄召去看看，不过是个幼稚老实的孩子罢了。刺史颜证认为这孩子与众不同，要留下他让他做个差役，可区寄不肯留下。刺史就给他衣服，并派公差护送他回家乡。

【故事出处】

童寄（区寄）**者，郴州**（今湖南郴州市。郴，chēn）**荛牧**（砍柴牧牛。荛，ráo）**儿也。行**（一路走）**牧且荛，二豪贼**（蛮横的强盗）**劫持，反接**（两手反绑），**布囊**（用布袋塞住）**其口，去逾**（超过）**四十里，之**（到）**虚所**（指集市处。虚同"墟"）**卖之。寄伪儿啼**（像小孩一样哭），**恐栗**（发抖），**为儿恒状**（装出像普通小孩胆小的样子）。**贼易**（轻视）**之，对饮酒，醉。一人去为市**（前往市场谈价钱）；**一人卧，植**（插）**刃道上。童微伺**（悄悄地等候）**其睡，以缚背刃**（把捆手的绳子靠在刀刃上），**力上下**（用力上下磨割），**得绝**（才断绝），**因取刃杀之。**

逃未及（到）**远，市者**（去市场议价的贼）**还，得童，大骇**（惊讶害怕），**将杀童。遽**（jù，立刻）**曰："为两郎僮**（做两个主人的奴仆），**孰若为一郎僮耶**（哪比得上做一个主人的奴仆呢）？**彼**（他）**不我恩**（对我不好）；**郎诚见完与恩**（你如果能保全我并对我好。见，我），**无所不可。"市者良久计**（打算了很久），**曰："与其杀是**（这）**童，孰若**（还不如）**卖之；与其卖而分，孰若吾得专焉**（独自占有他）？**幸**（幸亏）**而杀彼**（他。指同伙），**甚幸**（很好）**！"即藏其尸，持童抵**（到）**主人**（指买主）**所**（地方）。**愈束缚**（捆绑）**牢甚。夜半，童自转，以缚即**（靠近）**炉火烧绝**（断）**之。虽疮**（伤）**手不惮**（dàn，怕），**复取刃杀市者。因大号**（喊），**一**（整个）**虚**（指集市处）**皆惊。童曰："我区氏**（姓区）**儿也，不当为僮**（奴仆）。**贼二人得我，我幸**（侥幸）**皆杀之矣？愿以闻以官**（让官府听到）。**"**

虚吏（差役）**白**（报告）**州，州白大府。大府召视儿，幼愿**（老实）**耳。刺史**（州的长官）**颜证奇之**（认为区寄与众不同），**留为小吏，不肯。与衣裳，吏护还之**（到）**乡**。

（节选自《柳柳州集》）

【点评】

脱逃，杀贼，呼救，沉着机智，区寄非寻常孩子！

53. 李寄斩蛇

【智慧故事】

在东越的闽中，有一座山，叫庸岭，有数千米高，它的西北面山洞中有条大蛇，长七八丈，粗十几围。当地的百姓常害怕它出来。东冶城的都尉以及所属县城的官吏，有好几个人死在它的口中。用牛羊去祭它，仍然不能保佑平安。那蛇有时托梦给人，有时附在巫婆身上，说要吃十二三岁的小姑娘。都尉及县官都为此担忧。然而，蛇的嚣张气焰及祸害始终不停。都尉及县官一同托人找奴婢所生的女儿，或者犯罪人家的女儿，养着她们。到农历八月上旬，把女孩子送到蛇洞口，蛇从洞里游出来把小姑娘吃掉。好多年都是这样，已经吃掉了九个女孩。

那时，又要预先招募寻求女孩了，可是未得到。将乐县有个叫李诞的人，家中有六个女孩，没有男孩。他的小女儿名叫寄，要去应招。父母不同意。

李寄说："父母没有福气，只生了六个女孩，没有一个男孩。虽然有那么多女孩，但跟没有一样。我没有像古代缇萦救助父亲那样的功劳，又不能赡养父母，白白花费吃的穿的，活着也没啥好处，还不如早点死了好。卖了我李寄，可以稍微得到些钱财，用来供养父母，难道不是好事吗？"父母仁慈，疼爱女儿，始终不让她去应招。

李寄自己偷偷地出走了，家中人无法阻止她。

李寄报告官府，请求给她一把好剑和一条善于咬蛇的狗。到了农历八月上旬，便到庙中坐着，揣着剑，牵着狗。她事前煮好了几石糍饭团子，拿糖浆掺在糍饭里，把糍饭团子放在蛇洞口。蛇便从洞穴中出来，头大得像谷囤，眼睛像直径二尺的铜镜。蛇闻到饭团子的香气后，先吞吃饭团子。李寄便放出狗，狗奔上去咬蛇；李寄从后面用剑砍，砍伤了好几处。蛇痛得厉害，于是蹿出洞中，蹿到庙的庭院中便死了。李寄进入蛇洞中察看，找到了那九个女孩的头骨，全部拿了出来，叹息着说："你们胆小懦弱，被蛇吃了，既可悲又值得同情！"

于是李寄便缓步回家了。

【故事出处】

东越（汉初分封的一个小诸侯国）**闽中**（今福建境内）**有庸岭**（山名），**高数十里，其西北隙**（裂缝。此指洞）**中有大蛇，长七八丈，大十余围**（两手拇指与食指对合为一围），**土俗**（当地居民）**常惧**。

东治（东越国的都城）**都尉**（军官名称）**及属城长吏**（所辖县城的官吏），**多有死者。祭以牛羊，故不得福**（仍不能保佑平安）。**或**（有时）**与人梦，或下谕**（告诉）**巫祝**（巫婆与神祝），**欲得啖**（dàn，吃）**童女年十二三者。都尉、令长**（县官）**并**（都）**共患之**（对这事感到忧虑）。**然气厉**（指大蛇的嚣张气焰）**不息。共请求人家生婢子**（婢女所生的女儿），**兼**（加上）**有罪家女，养之。至八月朝**（古代每逢农历初一或十五称"朝"）**祭，送蛇穴口，蛇出吞啮**（niè，吃）**之。累年**（很多年）**如此，已用九女**。

尔时（那时），**预**（预先）**复募索**（招募或寻找），**未得其女。将乐县**（今福建境内）**李诞，家有六女，无男。其小女名寄，应募欲行。父母不听**（不同意）。**寄曰："父母无相**（福气），**唯生六女，无有一男，虽有如无。女无缇萦济父之功**（指汉朝小女缇萦救父赎罪的功劳。缇萦，tí yíng），**既不能供养**（赡养父母），**徒**（白白地）**费衣食，生无所益，不如早死。卖寄之身，可得少**（稍许）**钱，以供父母，岂不善**（好）**哉？"父母慈怜**（爱），**终不听之。寄自潜行**（偷偷地走了），**不可禁止**。

寄乃告请好剑及咋（zé，咬）**蛇犬。至八月朝，便诣**（yì，前往）**庙中坐，怀**（胸怀中藏着）**剑将**（带着）**犬。先将数石**（量器单位，十斗为一石）**米糍**（用糯米做成的饭团），**用蜜麨**（用麦芽做成的糖浆）**灌之，以置穴口。蛇便出，头大如囷**

(qūn，谷囤)，目如二尺(直径二尺)镜，闻糍香气，先啖食之。寄便放犬，犬就(上前)啮咋(咬)，寄从后斫(zhuó，砍)得数创(伤)。创痛急，蛇因踊(蹿)出，至庭而死。寄入视穴，得其九女髑髅(dú lóu，死人头骨)，悉(全)举(拿)出，咤(chà，叹息)言曰："汝曹(你们)怯弱，为蛇所食，甚可哀愍(mǐn，同情)！"

于是寄乃缓步而归。

(节选自《搜神记》)

【点评】

这故事虽近乎神话，但李寄的沉着、勇敢、机智，千年来始终受人敬仰！

54. 甘罗十二为上卿

【智慧故事】

秦国的甘罗，一个十二岁的少年，居然一举成名，被秦王封为上卿，在古今中外的政治史上是罕见的。

甘罗的祖父是甘茂。甘茂是个政治家，曾在秦国担任过丞相的职务。因此甘罗从小有机会接触政治，与上层人物交往。甘茂死后，甘罗十二岁那年，在国相吕不韦门下做事。当时，秦国的实力在东方六国之上，秦王（即后来的秦始皇）曾派蔡泽到燕国去进行外交活动，燕国慑于秦国的威力，三年之后，燕王把太子丹送到秦国，作为人质，表示对秦国的信任。秦王进一步准备派张唐到燕国去做国相，想跟燕国联合起来攻打赵国，扩展河间的地方。

这件事使张唐感到十分为难，他思考再三，硬着头皮对国相吕不韦说："我曾经替秦昭王攻打过赵国，赵国君臣上下至今还怨恨我，他们说：'谁如果抓住张唐，就赏赐给一百里土地。'如今派我到燕国去，路途上一定要经过赵国，怎么通得过呢？看来我是不能去的。"

吕不韦多方劝说，始终没有效果，因为无论如何总不能强迫他走。为这件事，吕不韦很不愉快。

甘罗了解到这情况后，佯作不知。有一天他问吕不韦："国相这几天似乎很不愉快，有什么事吗？”

吕不韦没想到小甘罗还挺关心他的，便坦率地说：“我曾经叫蔡泽到燕国去办外交，三年后获得成功，燕太子丹已作为人质送到咱秦国。如今再想派张唐到燕国去做国相，联合燕国攻打赵国。可是张唐一再推辞，不肯前往。君王催得很紧，我总不能强迫他出发吧。”

“让我来说服他走。”甘罗自告奋勇地说。

吕不韦吃惊地说：“我亲自请求他尚且不肯走，你这小孩子有什么办法叫他走？”

甘罗不服气地说：“您没听说过项橐（tuó）七岁的时候就做了孔子的老师，我今年十二岁啦，您让我试试看吧！何必马上批评我呢？”

吕不韦见甘罗态度诚恳，说话伶俐，似乎很有把握的样子，再说自己已想尽办法，无路可走，因此点点头，答应让甘罗试一试。

于是甘罗立刻去见张唐。甘罗说：“您的功劳跟武安君比，哪个大？”甘罗说的武安君是指秦昭王时的名将白起，他曾击败过韩国、魏国、赵国、楚国，为秦国夺得了大片土地，封为武安君。

张唐说：“武安君南败强楚，北面威胁燕、赵，战必胜，攻必取，获得的城池不计其数。我的功劳怎么可以跟他相比呢？”

甘罗再设一个比较问张唐：“秦昭王时的国相应侯（范雎）跟我们现在的国相文信侯（吕不韦）比，哪一个更受到国王的信任而有权呢？”

张唐立刻说：“应侯不如文信侯。”

“您真的知道应侯不如文信侯有权吗？”甘罗故意追问一句。

“真的，这是我的心里话。”张唐说。

“既然您知道您的功劳不如白起，又知道现在国相的权力大大超过早年的应侯，那么我明白地告诉您，您很危险了。”甘罗说到这里，顿了顿，他看了看张唐，只见张唐脸色尴尬，神态不安，于是接着说，“当年应侯想攻打赵国，而白起不赞成，结果白起被逼死。这历史事实您一定是知道得很清楚的。如今国相文信侯亲自请您到燕国去，而您却不肯去，我不知道您将死在什么地方了。”

甘罗的一席话，说得张唐毛骨悚然，冷汗涔涔。

张唐立刻说：“那我听你的，马上就动身！”

张唐已决定出发，吕不韦转忧为喜，打心底里佩服甘罗。甘罗对吕不韦说："请您借给我五辆马车，让我先到赵国去给张唐疏通一下。"吕不韦进王宫，把这件事报告给秦王，说："甘罗虽然是个少年，但他是名门子孙，诸侯各国都听到过他的名字。大王派张唐到燕国去，张唐一再推辞，最后还是甘罗说服了他。现在甘罗愿意先去一次赵国，给张唐疏通一下，希望大王答应他的请求。"

秦王召见甘罗，问了一些情况，甘罗对答如流。秦王便放心地让他到赵国去了。

赵王得知秦国派甘罗来了，便郑重其事地出城迎接。

甘罗问赵王："燕太子丹到秦国去做人质的事您听说了吗？"

"听说了。"赵王说。

"张唐要到燕国去做国相的事听说了吗？"

"也听说了。"赵王说。

甘罗说："燕王把太子送到秦国去做人质，这表明燕国信任秦国；秦国派张唐到燕国去做国相，这表明秦国信任燕国。秦国和燕国互相信任，联合起来攻打您赵国，赵国可危险了。"

赵王仔细一想，不禁一阵寒颤。

"不过，事情还可补救。"甘罗说，"秦燕合作，没其他特殊要求，只不过想扩大一些河间的地方。您大王不如送给我河间附近的五座城池，我便可以说服秦王把燕太子送回去，疏远秦燕之间的关系，然后联合你们赵国去攻打燕国。"

赵王一想，觉得甘罗的主意不错。一则给秦国的土地可以从燕国补偿；二则秦燕疏远可使赵国安定，于是马上把五座城割给秦国。秦国送回燕太子。赵国果然发兵攻打燕国，占领了上谷地方的三十座城池。

甘罗完成使命，回到秦国。秦王赞赏他的聪明才智，封他为上卿，将早先甘茂的封地和住宅赐给甘罗。

少年上卿甘罗，从此名传四海。

【故事出处】

甘罗者，甘茂之孙也。茂既(已经)**死后，甘罗年十二，事秦相文信侯吕**

不韦（吕不韦封为文信侯）。秦始皇帝（当时他还是秦王，尚未称帝，这是司马迁追记时用的词）使刚成君蔡泽（蔡泽封为刚成君）于燕，三年而燕王喜使太子丹（燕太子名丹）入质于秦（去秦国当人质），秦使张唐往相燕，欲与燕共伐赵，以广（扩大）河间之地。张唐谓文信侯曰："臣尝为秦昭王伐赵，赵怨臣，曰，'得唐者，与（即"与之"，给他）百里之地'。今之（往）燕，必经赵，臣不可以行。"文信侯不快（不高兴），未有以强（没有办法勉强他去燕）也。

甘罗曰："君侯（对吕不韦的尊称）何不快之甚（极）也？"文信侯曰："吾今刚成君蔡泽事燕三年，燕太子已入质矣。吾自请张卿（对张唐的尊称）相燕，而不肯行。"甘罗曰："臣请行之（意思是我来说服他去燕）。"文信侯叱（chì，斥责）曰："去！我身自请之而不肯，汝焉（何）能行之？"甘罗曰："夫（发语词，无义）项橐（tuó，人名）生七岁而为孔子师。今臣生十二岁于兹（到现在）矣。君其（语气助词，表示希望）试臣！何遽（急于）叱乎？"

于是甘罗见张卿曰："卿之功（功劳）孰与（与……比，如何）武安君（秦昭王时名将白起）？"张卿曰："武安君南挫强楚，北威燕、赵，战胜攻取（战必胜，攻必取），破城堕（攻陷）邑，不知其数，臣之功不如也。"甘罗曰："应侯（秦昭王时国相范雎）之用于秦（被秦国重用）也，孰与文信侯专（专一，此指信任重用）？"张卿曰："应侯不如文信侯专。"甘罗曰："卿明知其不如文信侯专欤？"曰："知之。"甘罗曰："应侯欲攻赵，武安君难之（不赞成攻赵），去咸阳（秦国国都）七里而立（立刻）死于杜邮（地名）。今文信侯自请卿相燕而不肯行，臣不知卿所死处矣。"张唐曰："请因（因为）孺子（小伙子，指甘罗）行！"令装治行（吩咐收拾行李准备出发）。

行有日（出发日期已定），甘罗谓文信侯曰："借臣车五乘（五辆），请为张唐先报（通报）赵。"文信侯乃入言之于始皇曰："昔甘茂之孙甘罗，年少（小）耳，然名家之子孙，诸侯皆闻之。今者，张唐欲称疾（推托有病）不肯行，甘罗说而行之。今愿先报赵，请许（同意）遣之（派他先去）。"始皇召见，使甘罗于赵。

赵襄王郊迎（出城迎接）甘罗。甘罗说赵王曰："王闻燕太子丹入质秦

欤？”曰：“闻之。”曰：“闻张唐相燕欤？”曰：“闻之。”“燕太子丹入秦者，燕不欺秦也。张唐相燕者，秦不欺燕也。燕、秦不相欺者，伐赵，危矣。燕、秦不相欺无异故(没有其他缘故)**，欲攻赵而广河间。王不如赍**(jī，送给)**臣五城以广河间，请归**(送回)**燕太子，与强赵攻弱燕。”赵王立自割五城以广河间。秦归燕太子。赵攻燕得上谷**(今河北中部和西北部)**三十城，令秦有十一。**

甘罗还报秦，乃封甘罗以为上卿(秦国最高的官阶)**，复**(又)**以始**(早先)**甘茂田宅赐之。**

(节选自《史记》)

【点评】

甘罗，中国古代最年轻的高官！

二、智慧女子

55. 银工家生宰相

【智慧故事】

宋钦宗时的宰相李邦彦，他的父亲曾做过银匠。有人以此讥笑嘲讽他。李邦彦也以此为羞，他回家后把这事告诉了母亲。

母亲说："如果宰相的后代做了银匠，这才叫羞耻；要是银匠的后代做了宰相，这是让人羡慕的大好事，为什么要感到羞耻呢？"

【故事出处】

李太宰（即宰相）**邦彦，父曾为银工**（加工银器的匠人）。**或**（有人）**以为诮**（qiào，讥嘲），**邦彦羞之**（以此为羞），**归告其母。**

母曰："宰相家（指后代）**出银工，乃**（才）**可羞耳；银工家出宰相，此美事，何羞焉**（为什么要为此感到羞耻呢）**？"**

（节选自《智囊》）

【点评】

妇人一言以励志！

56. 陶母责子

【智慧故事】

东晋的陶侃年轻时，做管理河道及渔业的官吏，曾经把一坛腌鱼派人送给母亲。母亲把腌鱼封好后交回使者，并回信责备陶侃，说："你做官吏，把公家的物品送给我，不仅没好处，反而增加了我的忧愁。"

【故事出处】

陶公（指陶侃。"公"是对人的敬称）**少**（年轻）**时，作鱼梁吏**（管理渔业及河道的官吏），**尝**（曾）**以坩鲊**（gān zhǎ，一坛腌鱼）**饷**（赠送）**母。母封鲊付使**（交还给来使），**反书**（回信。反，同"返"）**责侃曰："汝为吏，以官物见饷**（送我。见，指代"我"），**非唯**（不仅）**不益，乃**（反而）**增吾忧也。"**

（节选自《世说新语》）

【点评】

陶母是天下父母的榜样！

57. 孟母三迁

【智慧故事】

孟子小时候，住在坟墓旁，经常玩送葬祭拜之类的游戏。

他的母亲说："这里不适宜安顿我儿子。"于是迁居到集市贸易旁。

不久，孟子又学起了商人喊卖的游戏，他的母亲说："这里还是不适合我儿子生活。"于是又迁居到学校旁边住下。

孟子天天看着学生们学习祭祀及打躬作揖、进退朝堂的礼仪，他也玩起了这种游戏。他的母亲说："这里可以安顿我的儿子了。"于是定居下来了。

【故事出处】

孟子（即孟轲。"子"是对他的尊称）**幼时，其舍**（住的地方）**近墓，常嬉**（游戏）**为**（做）**墓间之事。其母曰："此非吾所以**（用来）**处子**（安顿儿子）**也。"遂迁居市**（集市贸易）**旁，孟子又嬉为贾人**（商人。贾，gǔ）**炫卖**（沿街叫卖）**之事。母曰："此又非所以处吾子也。"复**（又）**徙**（迁）**居学宫**（学校）**之旁。孟子乃嬉为设**（摆弄）**俎豆**（古代祭祀用的两种盛器，此指玩祭祀礼仪。俎，zǔ）、**揖让进退**（打躬作揖及进退朝堂的礼仪）。**其母曰："此可以处吾子矣。"遂居焉**（在那里）。

（节选自《列女传》）

【点评】

教育要有良好的环境，孟母三迁被后世传为美谈！

58. 断织教子

【智慧故事】

孟子小时候，有一次在母亲织布机旁背书。背着背着突然停下来了，等了一会儿又继续背下去。

母亲知道他有所遗忘，便把他叫过去问："为什么中间停下来了？"

孟子回答说："中间忘了，后来又想起来了。"

母亲拿起刀把布机上的织物割断了，说："这织物割断了，还能连接得跟原来一样吗？"从此以后，孟子背书不再有遗忘了。

【故事出处】

孟子（即孟轲）**少时，诵，其母方**（正）**织。孟子辍然**（停止的样子。辍，chuò）**中止，乃复进**（指继续下去）。**其母知其喧**（xuān，因分心而遗忘）**也，呼而问之："何为中止？"对曰："有所失**（遗忘），**复得**（又想起来了）。**"其母引**（拿起）**刀裂**（割断）**其织**（织物），**以此戒**（告诫）**之，自是**（从此）**之后，孟子不复喧矣。**

（节选自《韩诗外传》）

【点评】

教育要"严"字当头！

59. 赵威后问齐使

【智慧故事】

齐王派使者访问赵威后——赵国的太后，其时因儿子年幼，由她摄政。国书还没打开，赵威后便问来使："你们国家的收成大概没遇到什么灾害吧？百姓没什么忧患吧？你们的国王也没什么忧虑吧？"

齐国使者听了不高兴，说："我奉命出使拜见你，如今你不先问我的大王，却先问年成与百姓，难道是把低贱的放在前面而把高贵的放在后头吗？"

赵威后说："不对。如果没有好的收成，怎么能保住百姓？如果没有百姓，靠什么来做国君？所以哪有丢开根本而问末节的呢？"

【故事出处】

齐王使（派）**使者问赵威后。书**（国书）**未发**（打开），**威后问使者曰："岁**（年成）**亦无恙**（灾害）**邪**（吗）？**民亦无恙邪？王亦无恙邪？"使者不说**（同"悦"），**曰："臣**（我）**奉使**（奉命作为使者）**使**（出使）**威后，今不问王而先问岁与民，岂先贱**（地位低贱）**而后尊贵者乎？"威后曰："不然**（这样）。**苟**（如果）**无岁，何以**（怎么能）**有民？苟无民，何以有君？故有**（哪有）**舍本**（抛弃根本）**而问末**（末梢）**者邪？"**

（节选自《战国策》）

【点评】

赵威后说得对，"岁"与"民"是国家的根本！

60. 杨氏力守项城

【智慧故事】

唐朝德宗建中年间，李希烈反叛朝廷，攻下汴州后又企图袭击陈州。

此时李侃任陈州项城县县令，他认为城小而叛军多，无法抵抗，准备弃城而逃。他妻子杨氏说："叛军到来理应守住城头，力量不够，应为国而死。你丢下项城逃跑，叫谁守城？"

李侃还是犹豫不决。妻子说："请用重金招募勇士！"

李侃便召集官吏百姓商量，说："你们出生在这里，祖祖辈辈的坟墓在这里，难道能容忍叛军蹂躏！"大家哭了，发誓与城同存亡。

李侃率领百姓在城外与叛军交战，他被乱箭击中，抬回家中，妻子责备说："你不在前线，谁肯坚守？死在战场总比死在床上好，快去督战！"李侃随即登上城墙，百姓见县令还在城头上指挥，顿时士气大振。这时适逢叛军头领中箭而死，叛军便逃散了。

项城最终保住了。

【故事出处】

唐德宗（李适）**建中**（德宗年号）**年间，李希烈叛**（反叛朝廷），**陷**（攻下）**汴州**（今河南开封市），**谋袭陈州**（今河南周口市境内）。**李侃为**（任）**陈州项城**（今河南项城市）**令**（县官），**以**（认为）**城小贼**（叛军）**众，欲弃**（丢下）**城而逃。其妻杨氏**（姓杨）**曰："贼至当**（应）**守城，力不足，则死。君**（你）**弃城而逃，谁守？"侃犹**（还是）**不决。妻曰："请重赏募**（招）**死士**（敢死的勇士）**！"**

侃乃召吏民议曰："尔等（你们）**生**（出生）**于此，祖辈坟墓在焉**（这儿），**岂可忍贼人蹂躏**（践踏侮辱）**！"众泣，誓与城同死生**（存亡）。

遂与贼战于城外，侃中(被击中)**流矢**(乱箭)**，还家，妻责曰："君**(你)**不在阵**(前线)**，谁肯固守**(坚守)**？死于外**(指战场)**，犹愈**(胜过)**床也，速往督战！"侃即登城，士气大振**(振作)**，会**(适逢)**贼将中矢**(箭)**死，遂引**(带领)**兵而去。**

项城卒(最终)**完**(完好)。

(节选自《东望楼记事》)

【点评】

杨氏有主见，无杨氏便无完整的项城！

61. 婆媳下盲棋

【智慧故事】

王积薪是唐朝著名的围棋手，自认为天下无敌。

有一年他要游历京城，半路上投宿在旅店里。蜡烛已经熄了，他听见店主老太隔着墙壁在呼唤她的媳妇，说："美好的夜晚难以消磨，可否下一局棋？"

媳妇说："行。"老太问："现在是下第几道子了？"媳妇回答她该下某某道子了。她们分别说了数十个落子点。

老太说："你输了。"媳妇说："认输。"

王积薪边听边暗暗记住，第二天把她们落子的过程逐步恢复，发觉自己的思路远不及婆媳俩。

【故事出处】

王积薪棋术功成（功夫到家），**自谓天下无敌**（匹敌）。**将游京师**（京城。指长安），**宿于逆旅**（旅店）。**既**（已）**灭烛，闻主人媪**（ǎo，老妇人）**隔壁呼其妇**（媳妇），**曰："良宵**（美好的夜晚）**难遣**（消磨），**可棋**（下棋）**一局乎？"妇曰："诺**（好的）。**"媪曰："第几道下子矣？"妇曰第几道下子矣。各言数十。媪曰："尔**（你）**败矣。"妇曰："伏局**（这局棋认输）。**"积薪暗记，明日复其势**（恢复她们落子的过程），**意思**（此指运子思路）**皆所不及也。**

（节选自《唐国史补》）

【点评】

妇女下棋少见，如此高水平更难得，难怪王积薪也要自叹不如！

62. 崔氏诫不孝子

【智慧故事】

东汉的房景伯任清河太守时，有个妇女诉讼儿子不孝。景伯把她的儿子叫到郡府，狠狠地责骂了一通。

景伯的母亲崔氏说："小百姓不懂得礼仪，狠狠地责骂有什么用？"

崔氏把那妇人找来，跟她在桌前一同饮食，让那妇人的儿子站在旁边，看景伯是如何给母亲及那妇人端饭夹菜的。

不到十天，那不孝子请求回去，说自己已经知道错了。

崔氏说："这人虽然表面上已觉得惭愧，但他内心未必真正知道错了，姑且再留几天。"

妇人与那儿子在郡府中共留了二十多天，天天看景伯是如何对待母亲的。直到那儿子叩头出血，他母亲哭着要求回去，崔氏才放走他们。那不孝子回去后，最终成了远近闻名的大孝子。

【故事出处】

房景伯为清河(今河北境内)**太守。有民母讼**(告状)**子不孝。景伯母崔**(崔氏)**曰："民未知礼，何足**(哪值得)**深**(重)**责？"召其母，与之对榻**(坐卧两用的家具)**共食，使子侍**(陪)**立堂下，观景伯供食**(指给母亲饮食)**。未旬日**(十天)**，悔过求还。崔曰："此虽面惭**(表面上露出惭愧)**，其心未也，且**(姑且)**置之**(把他们留下)**。"凡二旬，其子叩头出血，母涕泣**(流泪哭泣)**乞**(求)**还，然后听**(听从)**之，卒**(最终)**以孝闻**(出名)。

(节选自《智囊》)

【点评】

身教胜于言教！

63. 老妪反讥刘道真

【智慧故事】

晋朝的刘道真，是个诙谐才子，因遇社会动乱，在河岸给人拉纤。

有一天，他见一老妇人在摇橹，便嘲笑道："女子何不调机弄杼（意为在家纺织），因何傍河操橹？"老妇人回答说："丈夫何不跨马挥鞭，因何傍河牵船？"

又有一次，道真跟人在茅草屋里对着白色的盘子进食，看见一个老妇人带着两个小孩经过，他们都穿着黑色衣服，他调侃道："青（黑）羊引双羔。"老妇人回答说："两猪共一槽。"

刘道真无话回答。

【故事出处】

刘道真遭（遇）**乱**（社会动乱），**于河侧为人牵船，见一妪**（yù，老妇人），**操橹**（摇橹），**道真嘲之曰："女子何不调机弄杼**（zhù，指织布。杼，织布用的梭子），**因何傍河操橹？"妪答曰："丈夫**（男子汉）**何不跨马挥鞭**（意为上战场），**因何傍河牵船？"又尝**（曾）**与人共饭素**（白色的）**盘草舍**（茅草屋）**中，见一妪将**（带着）**两小儿时，并着**（都穿）**青**（黑色）**衣，嘲之曰："青羊引**（带着）**双羔。"妪曰："两猪**（指刘道真与同食者）**共一槽**（食槽）。**"道真无语以对**（回答）。

（节选自《东望楼记事》）

【点评】

老妇人也不是好嘲弄的！

64. 阮氏以德勉夫

【智慧故事】

许允的妻子容貌丑陋，是阮共的女儿。成婚那天礼拜结束，许允不肯入洞房，家里人为此很担忧。

适逢许允有客人到家，阮氏让婢女瞧瞧是谁。婢女回答说："是桓先生。"桓先生即桓范。阮氏说："这下不用担忧了，桓先生一定会劝他进入洞房的。"

桓范果然劝许允说："阮家既然把丑女嫁给你，其中必然有道理，你应该观察她。"许允便回头进入洞房。可一见丑女，又立刻想退出。阮氏料到他出去后，再不可能回房，于是抓住他的衣襟使他留下来。

许允于是对她说："妇女应具有四德——妇德、妇言、妇容、妇功，你有几德？"阮氏说："我所缺少的，仅仅是容貌罢了。然而我也听说，读书人有百种品行，你有几种？"许允说："我全具备。"阮氏说："在百种品行中，'德'是第一位。我看你是好色不好德，怎么能说全具备呢？"

许允被阮氏说得露出了惭愧的神色，以后便敬重阮氏。

【故事出处】

许允（三国时魏国人，官至吏部侍郎）**妇**（妻子）**，是阮卫尉**（即阮共，卫尉是职官名称）**女，奇丑。交礼**（结婚时行交拜礼）**竟**（毕）**，允**（许允）**无复入理**（不想进入洞房）**，家人深以为忧。**

会（适逢）**允有客至，妇令婢**（侍女）**视之，还答曰："是桓郎**（对男子的美称）**。"桓郎者，桓范也。妇云**（说）**："无忧**（不用担心）**，桓必劝入。"桓果语许云："阮家既嫁丑女与卿**（你）**，故当有意**（道理）**，卿**（你）**宜察**（观察）**之。"许便回入内。既**（已）**见妇，即欲出。妇料**（想）**其此出，无复**（不再会有）**入理，便**

捉(抓住)**裾**(衣襟。裾,jū)**停之**(使他留下)。**许因谓曰:"妇有四德**(指妇德、妇言——说话有礼貌、妇容——容貌漂亮、妇功——能做家务),**卿有几?"妇曰:"新妇**(指自己)**之所乏**(缺),**唯**(只有)**容尔**(同"耳",罢了)。**然士**(读书人)**有百行**(品行),**君**(你)**有几?"许曰:"皆备。"妇曰:"夫**(发语词,无义)**百行以德为首,君好色**(女人的美好容貌)**不好德,何谓**(怎么能说)**皆备?"**

允有惭色(神色),**遂相**(指代妻子)**敬重**。

(节选自《世说新语》)

【点评】

阮氏一番话击中丈夫要害!

65. 许允妻有高见

【智慧故事】

三国时魏国的许允，官至吏部侍郎。他任用了不少同乡人，有人检举他任人唯亲。魏明帝曹叡（ruì）派人把他逮捕了。

他的妻子阮氏追出去告诫道："明理的皇帝可以以理力争，很难用感情取得谅解。"

许允进宫后，魏明帝向他核实并问他。许允回答说："古人说，推荐你所了解的人。我的同乡，是我所了解的。皇上可以检查核实，他们是不是称职。如果不称职，我甘愿服罪。"

经检查核实，他们都是官府合适的人选，于是立即释放许允。许允在拘捕与关押时，衣服损坏，皇帝下令赐给他新的衣服。

当初许允被抓时，全家号啕大哭。阮氏却跟平时一样，说："不用担忧，不久就会回来的。"

不久，许允果然回家了。

【故事出处】

许允为吏部郎（吏部的长官。吏部为朝廷六部之一，主管官吏的选拔与任免），**多用**（任用）**其乡里。魏明帝遣虎贲**（武士。

贲,bēn)**收**(拘押)**之。其妇出诫曰:"明主可以理夺**(争)**,难以情求。"**

既(已)**至,帝核**(核对)**问之,允曰:"举尔所知**(推荐你所了解的人。这是一句古语)。**臣之乡人,臣所知也。陛下**(皇上)**检校**(检验核实)**,为称职与否?若不称职,臣**(我)**受其罪**(惩罚)。**"既**(已)**检校,皆官**(官府)**得其人,于是乃释。允衣服败坏,诏**(皇帝下令)**赐新衣。**

初,允被收,举(全)**家号哭,妇自若,曰:"勿忧,寻**(不久)**还。"顷之,允至。**

(节选自《世说新语》)

【点评】

摸准了对方品性,目的就会顺利达到!

66. 辽阳妇吓退东山虏

【智慧故事】

辽阳东山地方的外敌，一路上抢劫掠夺到一户人家。男人都不在家，只有三四个妇女。外敌不知虚实，不敢贸然入室，在院子里用弓箭吓唬她们。

室内两个妇人拉紧绳子，另一个妇女把箭搁在绳上，从窗口绷射敌人。发射了好几次箭后敌人还不退去，可是箭用尽了，于是大声诡称："把箭拿来！"一个妇女用一捆麻秸秆掷在地上，发出像一捆箭掷地的声音。

敌人惊慌了，说："她们有那么多箭，制服不了了！"于是逃走了。

【故事出处】

辽阳（今辽宁辽阳市）**东山虏**（敌人），**剽掠**（抢劫掠夺）**至一家，男子俱**（都）**不在，在者唯**（只有）**三四妇人耳**（罢了）。**虏不知虚实，不敢入室，于院中以弓矢**（箭）**恐**（恐吓）**之。室中两妇引**（拉）**绳，一妇安**（安放）**矢于绳，自窗绷**（拉紧）**而射之。数矢后，贼犹**（还）**不退，矢竭**（尽）**矣，乃大声诡**（欺骗）**呼曰："取箭来！"以麻秸**（秆）**一束掷之地，作**（发出）**矢声。**

贼惊曰："彼（她们）**矢多如是**（此），**不易制**（制服）**也！"遂退去。**

（节选自《智囊》）

【点评】

假作真时真亦假！

67. 长孙皇后贺唐太宗

【智慧故事】

有一回唐太宗早朝结束后怒气冲冲地说："应当杀掉那个乡巴佬！"

长孙皇后问道："谁触犯了您皇上？"

太宗说："还有谁会超过魏徵！他常常在朝廷上直言侮辱我，弄得我极尴尬。"皇后默默地退下去，然后穿上朝服站立在院子里。太宗见了，很是惊讶："皇后为什么要这样？"

长孙皇后说："我听说皇上圣明，臣下就忠心。如今你圣明，所以魏徵敢直言。我怎敢不祝贺！"

唐太宗认为皇后说得在理，不仅消除了怒气，而且更加敬重魏徵！

【故事出处】

太宗（指唐太宗李世民）**罢朝**（结束朝会），**怒曰："会须**（应当）**杀田舍汉！"文德皇后**（姓长孙）**谓帝曰："谁触忤**（触犯）**陛下**（皇上）**？"帝曰："岂过**（超过）**魏徵**（时为谏议大夫）**！每廷争**（同"诤"，直言批评）**辱我，常不自得**（心里不舒服）。"**后**（皇后）**退而具**（穿上）**朝服立于廷**（同"庭"，院子）。**帝惊曰："皇后何为若是**（这样）**？"后曰："妾**（我）**闻主圣臣忠，今陛下圣明，致**（使得）**魏徵得**（能）**直言**。**妾备数**（充数。谦词）**入后宫，安敢**（怎敢）**不贺！"**

（节选自《唐语林》）

【点评】

皇后从另一个角度看问题，坏事成了好事！

68. 崔涓送木瓜

【智慧故事】

唐朝的崔涓做杭州太守，在西湖上饯别皇上派来的太监。当时有人送来一只木瓜，这是大家从未见过的。因为它产自岭南，到达杭州千里迢迢，于是在座的轮流拿着它观看。

太监也好奇，随即放在袖口里准备带回去，说："宫中从未见过，应该把它献给皇上。"

一会儿，船解开缆绳出发。太守顿时害怕起来，他担心木瓜会腐烂，要是皇上见了，罪该万死，因此闷闷不乐，想撤去宴会。

这时，有个官妓对太守说："请太守尽兴饮酒，我估计木瓜经过一夜必定会抛扔在河中。"

太守听从了她的话，继续饮酒。不久，适逢送别太监的使者回来，说："木瓜溃烂了，已扔掉了。"

这下太守如释重负。

崔涓对官妓的预见感到奇怪，把她召来问。官妓说："太监请求把木瓜献给皇上，必定要用匣子装好，然后出发。当初大家轮流观看，都用手捏过。这木瓜香脆很容易坏，一定不可能挨到进宫献上。"

在座的都认为官妓说得有理。太守立即要下属官员拿出香丝绵当面赠送给她，以表感谢。

【故事出处】

崔涓守（做太守）**杭州，湖上饮饯**（设宴送别）。**客**（人）**有献木瓜**（水果名称，产自岭南）**，所未尝有**（指看见）**也。传以示客**（座客）。**有中使**（指太监）**即**

袖归（放在袖子里带回去），**曰："禁中**（宫中）**未曾有，宜进**（献）**于上**（皇上）。"

顷之（一会儿），**解舟**（解开船的缆绳）**而去。郡守惧得罪，不乐，欲撤饮**（宴）。**官妓**（歌舞演员）**白**（报告）**守**（太守）**曰："请郎中**（职官名称，指崔涓）**尽饮，某**（我）**度**（估计）**木瓜经宿**（经过一夜）**必委**（抛弃）**中流**（河中央）**也。"**

守从之，会（适逢）**送中使者还，云**（说）**："果溃烂，弃之矣。"郡守异其言**（感到官妓的话奇怪），**召问之，曰："使者**（指太监）**既**（已）**请进，必函贮**（用匣子藏着）**以行。初**（当初）**因递**（轮流）**观，则以手掐之。以**（因）**物**（指木瓜）**芳脆易损**（坏），**必不能入献。"守命有司**（专职官吏）**取香绵面**（当面）**赉**（lài，赏赐）**之。**

（节选自《唐语林》）

【点评】

官妓有经验，所以判断准确！

69. 班昭续写《汉书》

【智慧故事】

扶风的曹世叔，他的妻子叫班昭，博学而高才，是著名史学家班彪的女儿。可惜曹世叔早死，留下班昭孤身一人。班昭的兄长班固，是《汉书》的作者，洋洋数十万字的巨著，没来得及完成"八表"及"天文志"就去世了。这么重要的著作让谁来完成呢？汉和帝刘肇想到了班昭，于是下诏书叫班昭去东观藏书阁续写《汉书》。和帝多次召她进宫，要皇后及皇妃们拜她为师，跟随她读书，称她为"大家（gū）"。所以后世也称班昭为"曹大家"。

每当各地有奇异的物品进贡皇帝，就叫"曹大家"去写诗赋祝颂。后来《汉书》刊出后，很多人不太理解，就请班昭去讲解。马融跟班昭是同郡人，住在藏书楼旁，接受班昭传教，后来成了著名的学者。

【故事出处】

扶风（今陕西境内）**曹世叔妻者，同郡班彪**（著名史学家）**之女也，名昭，博学高才。世叔早卒**（死）。**兄固**（班固）**著《汉书》，其八表及天文志未及竟**（完成）**而卒。和帝**（汉和帝刘肇）**诏**（下诏书）**昭**（班昭）**就**（前往）**东观**（书阁名）**藏书阁踵**（继续）**而成**（完成）**之。帝数召入宫，令皇后诸**（众）**贵人**（皇妃）**师事焉**（拜她为师），**号"大家"。每有贡献**（进贡）**异物，辄**（zhé，往往）**诏"大家"作赋颂。时《汉书》始出，多未能通**（读懂）**者，同郡马融伏于阁**（指东观藏书阁）**下，从**（跟随）**昭受读谨。**

（节选自《后汉书》）

【点评】

女子而能修史的，中国历史上唯班昭一人！

70. 桓少君随夫入俗

【智慧故事】

鲍宣的妻子是桓家的女子,表字少君。

鲍宣曾跟随桓少君的父亲求学。她父亲对鲍宣能过清贫艰苦的生活,认为与众不同,十分器重,所以把女儿嫁给了他,随嫁的行装财物很多。

鲍宣心里不高兴,对妻子说:“你生在富贵人家,习惯打扮得很漂亮,可我实在是贫穷低贱人家的儿子,不敢聘娶你。”

妻子说:“我父亲认为你重视道德遵守约束,所以让我嫁给你。既然嫁给了你,就什么都听你的。”

鲍宣笑着说:“能够这样,这是我的心愿了。”

于是桓少君把仆人、车辆及服饰全部退回,改穿短布衣,跟鲍宣一同拉着小车回乡。拜见婆婆后,提着水桶出门打水,做妇女应做的事。

桓少君的举动受到了乡里人的称赞!

【故事出处】

鲍宣妻者,桓氏(姓桓)**之女也,字**(表字)**少君。宣**(鲍宣)**就**(跟随)**少君父学。父奇**(认为……与众不同)**其清苦,故以女妻之**(嫁给他),**装**(行装)**送资贿**(财)**甚盛**(多)。

宣不悦,谓妻曰:“少君生富骄,习(习惯)**美饰**(打扮),**而吾实贫贱,不敢当礼**(聘娶)。”**妻曰:“大人**(指父亲)**以先生**(你)**修德守约**(约束),**故使贱妾**(我。“贱”是谦词)**侍执巾栉**(意为服侍你)。**既**(已)**奉承**(侍奉)**君子**(你),**唯命是从。”宣笑曰:“能如是,是吾志**(心愿)**也。”**

妻乃悉归(归还)**侍御服饰**(指仆人、车马及服装饰品),**更著**(改穿)**短布**

裳，与宣共挽(拉)**鹿车**(手推的小车)**归乡里。拜姑**(婆婆)**礼毕，提瓮**(坛子)**出汲**(打水)。**修行**(按……去做)**妇道，乡邦**(乡里)**称之。**

(节选自《后汉书》)

【点评】

随夫入俗，修行妇道，家庭必然和睦！

71. 李成梁夫人毙二寇

【智慧故事】

明朝李成梁将军的夫人是辽阳普通人家的女儿。

辽阳百姓当时苦于盗贼劫掠，往往在自己家掘一口深井用来藏财货。有户人家因为躲避盗贼而出走了，只留下一个女儿隐伏在井中看守。有两个盗贼进入她家，发觉井里有人，于是一个人系着绳索悬挂下去，看到井中有个女子十分高兴，便叫同伙先把女子拉上去。同伙又向下窥视，想放下绳子。那女子立刻从后面把他推落井中，同时用重物压住井口。见到门口有拴着的马，便跨上马逃走了。

几天后盗贼走了，父母都回到家，那女子述说早先遇到的事，全家人便合力打死了那两个盗贼，砍下头后向上司请赏。

李成梁这时在军队中，听到那女子有智有勇，托人说媒娶了她。以后李成梁任辽东总兵，他的妻子也封为一品夫人。

【故事出处】

李成梁夫人辽阳(今辽宁辽阳市)**民家女也**。

辽民时苦寇（盗贼）掠（劫掠），往往掘深井以藏货财。此家以避寇去（离去），独（只）留女伏（隐藏）守井中。有二寇入其室，觉井中有人，一人悬縋（zhuì，系在绳索上放下去）而入，得女甚喜，呼党（同伙）先牵（拉）女上。党复临（向下看）视，欲下縋。女自后遽（立刻）推堕（掉落下去），即以物压盖之。得系（拴）马于门，跨而走。

数日寇退，父母俱（一同）还家。女言其故（早先发生的事），相与（共同）毙二寇，取首邀（请）赏。

李（指李成梁）时（当时）在伍（军队），闻女智略（谋略），求为妇（妻），后为一品（最高的官阶。此指李成梁为朝廷一品官员）夫人。

（节选自《智囊》）

【点评】

一个小女子有如此胆略，罕见！

72. 乐羊子妻诲夫

【智慧故事】

河南乐(yuè)羊子的妻子,不知道是姓什么人家的女儿。

羊子曾经在赶路时,拾到别人丢失的一块金子,回来把它交给了妻子。妻子说:"我听说过,有志气的人不喝'盗泉'的水,廉洁的人不接受'嗟来之食',何况是拾取失物以取得利益而玷污自己的品行呢?"羊子十分惭愧,就把金子扔在野地里,而后去远方寻找老师求学。

一年后,羊子回来。妻子跪着问他为什么回来。羊子说:"出门时间长了,很想念家,没有别的特殊原因。"妻子就拿起刀来,走到织布机旁,说道:"这个织物是从养蚕抽茧开始,在布机上织成。一根丝一根丝慢慢积累起来,直到成寸;一寸一寸不断地积累,才成丈成匹。现在如果割断这织物,就丧失了已有的成果,耽误浪费了时光。你从事学习,应当'每天学到自己所不懂的知识',用来成就美德;如果中途回来,跟割断这织物有什么两样呢?"羊子被妻子的话所感动,又回去修完学业。

【故事出处】

河南(指河南郡。今河南洛阳一带)**乐羊子之妻,不知何氏**(姓什么的人家)**之女也**。

羊子尝(曾)**行路,得遗金**(别人丢失的金子)**一饼**(块)**,还以与妻**。**妻曰:"妾**(我)**闻志士不饮'盗泉'**(泉名,今山东境内。因其名恶,所以人们讨厌它)**之水,廉者不受'嗟来之食'**(带有侮辱性的施舍。嗟,jiē)**,况拾遗**(拾到别人丢失的东西)**求利以污其行**(品行)**乎?"羊子大惭**(羞愧)**,乃捐**(丢弃)**金于野,而远寻师学**。

一年来归（归来），妻跪问其故。羊子曰："久行怀思，无它异（别的特殊情况）也。"妻乃引（拿起）刀趋（快走）机（织布机）而言曰："此织（织物）生自蚕茧，成于机杼（zhù，织布机。杼，织布用的梭子）。一丝而累（积累），以至于寸；累寸不已（停），遂成丈匹（一丈一匹）。今若断斯（这）织也，则捐失（丢失）成功（已成的业绩），稽废（耽误浪费）时日。夫子（你。古代妇女对丈夫的敬称）积学（从事学习），当'日知其所亡（无）'，以就（成）懿德（美德。懿，yì）；若中道（中途）而归，何异（跟……有什么两样）断斯织乎？"羊子感其言（被妻子的话所感动），复还终业（修完学业）。

（节选自《后汉书》）

【点评】

乐羊子之妻诲夫，既诲德又诲才，真是了不得的女子！

73. 习氏劝夫自责

【智慧故事】

丹阳太守李衡，在好多事情上触犯琅琊王。他的妻子习氏规劝他不要这样做，可李衡不听从。

等到琅琊王继位做了吴国君主，李衡忧愁恐惧得不知如何是好。习氏说："吴王一向心地善良且爱慕名声，眼下正想向天下人自我表明，终究不会因为私人的怨仇而杀你。你可以自己捆绑后前往监狱，说明早先的过错，公开地要求接受惩处，这样吴王一定会迎接你并宽恕你，不只仅仅是活命。"

李衡听从了妻子的话。吴王下文书说："丹阳太守李衡因为早先跟我有怨隙，现在他自愿入狱，表示悔过，还是让他回去做郡太守吧。"

习氏不仅救了丈夫一命，而且还让他官复原职。

【故事出处】

丹阳（今江苏丹阳市）**太守李衡，数**（多次）**以事侵**（冒犯）**琅琊王。其妻习氏谏**（规劝）**之，不听。及**（等到）**琅琊王即位，衡**（李衡）**忧惧不知所出**（不知怎么办）。**妻曰："王**（指琅琊王）**素**（一向）**好善慕名，方**（正）**欲自显于天下，终不以私嫌**（私人的怨仇）**杀君**（你）。**君宜自囚诣**（前往）**狱，表列**（一一表明）**前失**（过错），**明求受罪，如此当逆见**（迎见）**优饶**（饶恕），**非止**（不只）**活也。"衡从之。吴主诏**（下令）**曰："丹阳太守李衡以往事之嫌，自拘狱，其遣**（打发）**衡还郡。"**

（节选自《智囊》）

【点评】

主动请罪远胜于被动受罚！

74. 母捶李景让

【智慧故事】

唐朝李景让的母亲郑氏，本性严格明事。李景让做官时，头发已斑白，稍有过失，免不了受母亲责打。景让在任浙西观察使时，有个下级军官因违背他的心意，被他打死了。军中将士十分愤怒，准备叛变。郑氏得知情况后，出去坐在厅堂上，让景让站在堂下，斥责他："皇上交给你巡视一方的大权，怎么可以把国家的刑法作为自己喜怒的资本，而胡乱地杀死无罪的人！万一造成一方不太平，这不仅仅辜负朝廷的期望，而且让我这年迈之人含着羞辱入地，凭什么去见你的祖宗！"于是叫左右的人剥去他的衣服，准备鞭打他的背脊。将士们听了十分感动，都替李景让求情，李母很久才宽恕了他，于是军中逐渐安定下来。

【故事出处】

唐李景让母郑氏，性严明。景让宦达（做官）**，发已斑白，小**（稍）**有过**（错）**，不免捶挞**（挨打）。**其为浙西观察使**（职官名称。巡视各地）**，有牙将**（下级军官）**逆**（违背）**意，杖之而毙。军中愤怒，将为变。母闻之，出坐厅事**（官员办公的大堂）**，立景让于庭而责**（责备）**之，曰："天子**（皇帝）**付**（交给）**汝**（你）**为方面**（一个地方）。**岂得以国家刑法为喜怒之资**（资本）**，而妄**（胡乱）**杀无罪！万一致**（造成）**一方不宁，岂唯**（只）**上负**（辜负）**朝廷，使垂**（将）**老之母含羞入地**（指死）**，何以**（凭什么）**见汝之先人**（祖宗）**哉！"命左右褫**（chǐ，剥去衣服）**其衣，将挞**（打）**其背。将佐**（将领及其助手）**皆为之**（替景让）**请**（请求）**，良久**（很久）**乃释。军中遂安**（安定）。

（节选自《智囊》）

【点评】

一场风波，顿时转危为安！

75. 郑氏巧惩滕王

【智慧故事】

唐朝的滕王极为好色，下属官吏的美妻，都被他污辱过，谁也不能保持清白。

滕王府的典签崔简，妻子郑氏，刚到府中，不料也被滕王看中。滕王派人唤她去。崔简十分为难：想不让妻子去，怕滕王的威势；如果去，肯定要受到污辱。郑氏说："我去，不会受伤害！"就跟随来人进入滕王中门外的小楼。

滕王在楼上等着。郑氏进入后，滕王就逼她同床。郑氏呼唤周围的人："大王难道会干这样的事？这一定是家奴想干坏事！"随即用一只鞋把滕王的头敲破了，还抓破了他的脸，流血不止。滕王的妃子听见吵闹声出来，郑氏便脱身。滕王感到羞愧，接连十多天不处理公事。

【故事出处】

唐（唐朝）**滕王**（封在滕地的一个诸侯王）**极淫**（好色），**诸**（众）**官美妻，无得**（不能）**白**（清白）**者。时典签**（职官名称。主管文书之类）**崔简妻郑氏初到。王**（滕王）**遣**（派人）**唤。欲不去，则惧王之威，去则被**（遭）**王之辱。郑曰："无害！"遂入王中门外小阁**（楼）。**王在其中。郑入，欲逼之。郑大叫左右："大王岂作如是，必家奴耳！"取只履击王头破，抓面流血。妃**（指滕王的妃子）**闻而出，郑乃得还。王惭**（羞愧），**旬日**（十天）**不视事**（不处理公务）。

（节选自《智囊》）

【点评】

郑氏敢作敢为，因为心中早有主意！

76. 葛氏代夫拒贼

【智慧故事】

白瑾的妻子，是山阴县姓葛人家的女儿。白瑾从小体弱，葛氏善于调教，让丈夫读书。明朝宪宗成化年间，白瑾考中进士，出任分宜县县令，妻子葛氏与他一同前往。

第二年，白瑾患了一场病，逐渐好转，这时府库里所贮存的银子有数千两。邻县因饥荒而发生动乱，几百个盗贼打家劫舍。县城本无城墙，盗贼突然到来，县令下属的主簿、县丞都带着家眷逃走了。

葛氏叫家人竭力守住官署的左右两门，把丈夫安置在其他房间，将银子埋在污水池中，然后自己穿上丈夫的官服，坐在大堂上等候盗贼。盗贼到了，葛氏假装好言好语慰劳他们，拿出自己的金钗、耳环、衣服等全部给了盗贼。盗贼很感激地离去了，他们不知道葛氏暗中已做好标记，事后按金银饰物的标记，把盗贼一网打尽。

【故事出处】

白瑾妻，山阴葛氏（姓葛）**女也。瑾素**（一向）**弱**（体弱），**葛善为调节**（调教），**使读书。**

成化（明宪宗年号）**中，以**（凭）**进士**（科举中获得的身份）**为分宜**（今江西分宜县）**令**（县令），**葛与俱**（一同）**往。其明年，瑾**（白瑾）**病愈**（痊愈）**时，而库所贮银尚数千两。邻境有因饥**（灾荒）**作乱者，聚徒**（手下人）**百人，将劫取。县固**（本）**无城郭**（内城墙与外城墙），**寇卒**（同“猝”，突然）**至，诸**（众）**簿丞**（主簿与县丞）**挈**（携带）**家**（家属）**去匿**（躲藏）。

葛命家人力拒两门，乃迁（徙）**白公**（白瑾）**于他**（别的）**室，埋其银污池**

中，著（穿）公（指白瑾）之服，升（登）堂以候（等候）贼。贼至，则阳（同“佯”，假装）好语相劳苦（慰劳他们），尽出其所私藏钗（chāi，妇女的首饰）、珥（ěr，妇女的珠玉耳饰）、衣服诸（众）物以与贼。贼谢而去，不知阴（暗中）已表识（做了标记），竟（最终）物色（寻找）捕得之。

（节选自《智囊》）

【点评】

胆大心细，捕贼有方！

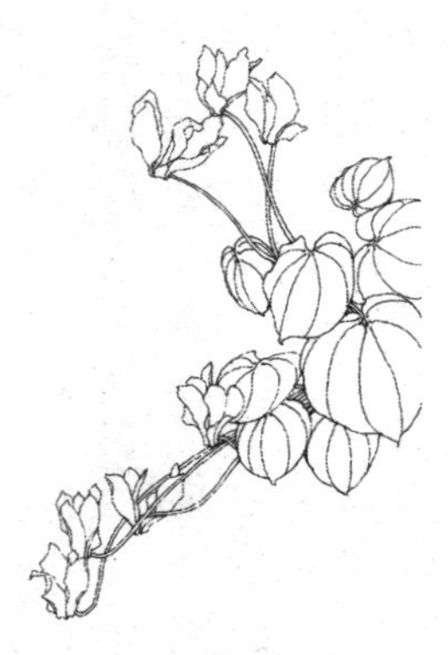

77. 姜氏远见

【智慧故事】

春秋时，晋国宫廷发生内讧，公子重耳被逼流亡齐国。

有一年重耳带着一批人流亡到齐国。齐桓公把宗室里的一个姓姜的女子给他做妻子，并送他二十辆马车。重耳觉得生活很安适，在齐国滞留了五年，不想返国了。

这把跟随的人急坏了。

重耳的随行人员赵衰、咎犯们在一片桑树林下谋划，准备劫持重耳回国夺取政权。这时有个采桑女子在附近听到了他们的计谋，回去后告诉了姜氏。姜氏为了保密，将采桑女杀了，并劝重耳赶快出发。

重耳说："人生只求安乐，还管别的什么呢？"

姜氏说："你是晋国的公子，走投无路才来齐国，随从的人都把你作为命根子，你不赶快回国，夺得君位后报答有功劳的人，我为你感到羞耻！"于是姜氏与赵衰等人设计让重耳喝醉了酒，用马车载着他离开齐国。

重耳在外流亡了十九年，最终靠了秦国的力量返回晋国，夺得了君位，世称晋文公，成了春秋五霸之一。

【故事出处】

晋公子重耳出亡（逃）**至齐，齐桓公**（齐国国君）**妻以宗女**（把宗族里的一个女子给他做妻子），**有马二十乘**（辆）。**公子安之**（以此为安乐），**留齐五岁**（年），**无去**（离开）**心**。

赵衰、咎犯辈（们）**乃于桑下谋行**（商量离开齐国）。**蚕妾**（养蚕女子）**在桑下闻之，以告姜氏**（即齐国宗女，重耳妻），**姜氏杀之，劝公子趣**（赶快）**行**。**公子**

曰："人生安乐，孰知（哪管）其他。"姜氏曰："子（你）一国（指晋国）公子，穷（窘困）而来此，数子者（指赵衰等一批人）以子（你）为命（命根子），子不疾（赶快）反（同"返"）国，报劳臣（有功劳的人），窃（表谦词，可理解为"我"）为子羞之！"

乃与赵衰等谋醉重耳，载以行。

（节选自《智囊》）

【点评】

无姜氏，即无日后的晋文公！

78. 赵括母有言在前

【智慧故事】

秦国与赵国在长平交战，秦国施反间计说：我们不怕廉颇，就怕赵奢的儿子赵括。赵王信以为真，把大将廉颇撤下，用赵括代替。

赵括从小跟随父亲赵奢学兵法，说起用兵打仗，夸夸其谈，然而赵奢并不认为他真有本事。等到赵括将要出发，他的母亲向赵王上书："赵括不配做大将。"

赵王问："为什么？"

括母说："早先我侍奉他的父亲，当时赵奢任将军，他亲自给数十个部下端饭送酒，跟他友情深厚的有好几百人；大王及宗室所赏赐的，全部给了部下；要是受命出征，就不问家中的事。如今赵括一下子被任命为大将，朝东坐着，军中将吏吓得没有人敢正面看他；大王所赏赐的财宝，全藏在家中，而且每天出门去购买适宜的田地住宅。父子两人志趣各异，希望大王不要派他出征！"

赵王说："你不要说了，我已决定了！"

括母说："大王一定要派他出征，如果有不称职，我请求不要牵连到老妇。"赵王答应了。

赵括一到长平，全部更改了廉颇制定的纪律，并撤换了不少军吏，最终兵败身

死。因为括母有言在先，赵王没治她的罪。

【故事出处】

秦、赵相距（同“拒”，对抗）长平（在今山西高平市西北），赵王信（相信）秦反间（反间计），欲以赵奢（赵国大将。时已死）之子括（赵括）为将而代廉颇。括平日每易言兵（把用兵打仗说得很容易），奢（赵奢）不以为然（对的）。

及（等到）是（此）将行（出发），其母上书言于王曰：“括不可使将（做大将）。”王曰：“何以（凭什么这么说）？”对（回答）曰：“始（早先）妾（我）事（侍奉）其父，时为将，身（亲自）所奉（捧）饭饮而进食者以十数（数十人），所友者以百数；大王及宗室（指赵王的宗室）所赏赐者，尽以予（给）军吏（军官）；受命（指接受命令出征）之日，不问家事。今括（赵括）一旦为将，东向而朝（召见部下），军吏无敢仰视之者；王所赐金帛（丝织品总称），归（带回来）藏于家，而日视（每天去看）便利（方便有利）田宅可买者买之。父子异志，愿王勿遣！”王曰：“母置之（不用管这事），吾已决矣。”括母因曰：“王终遣之，即（如果）有不称（合适。此指失败），妾（我）得无（该不会）坐（牵连犯罪）。”王许诺（答应）。括既（已）将（做大将），悉（全）变（改变）廉颇约束（纪律。此指策略），兵败身（自己）死。

赵王亦以（因为）括母先言，竟（终）不诛（杀）也。

（节选自《智囊》）

【点评】

括母有真知灼见，可惜赵王不听，最终酿成国难！

79. 练氏愿保全城性命

【智慧故事】

章太傅的妻子练氏，智慧与见识超过一般人。

章太傅曾用兵，有两位将领未按时到达，想把他们斩首。练氏惜才，便设酒宴，并且把美女打扮一番献给太傅。太傅边饮酒边欣赏歌舞，极为欢乐，通宵达旦。练氏秘密地让两位将领出逃。

两位将领直奔南唐，以后率南唐兵士攻打建州。此时章太傅已死，练氏住在建州。两位将领派使者带着丰厚的钱财前往练氏家，并且把一面白旗交给练氏，说："我们将攻杀建州城，你夫人可树起白旗作为标记，我们告诫士兵绝不冒犯。"

练氏把财物退还给使者，说："你们还想着早年的恩惠，使我感到慰藉。我希望保住全城百姓的性命。如果你们一定要杀光全城百姓，那么我全家可以跟大家一同死去，我也不想独自活着！"

两位将领被她的话所感动，于是放弃了屠城的打算。

【故事出处】

章太傅夫人练氏，智识过人。太傅尝（曾）**用兵，有二将后期**（落在约定时间之后到达）**，欲斩之。夫人置酒，饰美姬**（侍女）**进之。太傅欢甚，迨**（dài，直到）**夜饮醉，夫人密使二将亡**（逃）**去。**

二将奔南唐（建都金陵的小王朝）**，后为南将攻建州**（今福建建瓯市）**。时太傅**（章太傅）**已死，夫人居建州。二将遣**（派）**使，厚以金帛**（丝织品总称）**遗**（送）**夫人，且以一白旗授**（交）**之，曰："吾且**（将）**屠城**（杀尽城中百姓）**，夫人可植**（树起）**旗为识**（作为标记）**，吾戒士卒令勿犯。"**

夫人反（同“返”，退还）**其金帛，曰：“君**（你们）**幸**（使……感到荣幸）**思旧德，愿全**（保全）**合**（整个）**城性命。必欲屠之，吾家与众俱**（一同）**死，不愿独生**（活）**也！”**

二将感其言，遂止不屠。

（节选自《智囊》）

【点评】

练氏救二将，又救全城百姓，她的“智识”是建筑在仁慈基础上的！

80. 黄善聪女扮男装

【智慧故事】

明孝宗弘治年间，发生了一件奇特的事。

黄善聪是民家女孩，十二岁那年母亲死了。她的姐姐已嫁人，父亲以贩香为业。他可怜小女善聪年幼失母，无处可寄养，就让她女扮男装，带着她到处经商。几年后父亲也死了，落下个苦命的孩子！善聪改名换姓叫张胜，仍旧干卖香的活养活自己。有个小伙子叫李英，跟善聪年龄相仿，也是贩香的，从金陵出来。但不知道善聪是女性，他们结为伙伴，共同卖香。他俩同吃同住。超过一年多，善聪常谎称有病，睡觉时不脱衣袜，只有在半夜里才大小便。

弘治辛亥年正月，善聪跟李英一同回南京，当时已二十岁了，披着头巾戴着帽子前去看望姐姐。姐姐说："我一向没弟弟，哪来你这个弟弟呢？"

善聪笑着说："我就是善聪！"边哭边叙说往事。姐姐大怒，并骂道："你是男女不分，严重地玷辱了我家的名誉！你即使自己表明清白，可有谁相信呢！"于是要把善聪赶出门。善聪极为气愤，哭着发誓说："我如果不清白，就死给你看！只有用清白来表明我的心！"刚巧邻居是个接生婆，姐姐便叫来对善聪作了验证，果然是处女，姐妹俩这才抱头痛哭，姐姐亲自给她穿上女装。

第二天，李英来拜访，原打算一同再出门经商，等善聪出现，突然变成了女子，大为惊讶，一问才知道详情，于是闷闷不乐地回家，若有所失，怨恨自己早先竟如此糊涂。他告诉母亲，母亲也不停地感叹。当时李英尚未娶妻，母亲认为善聪有德有才，就向善聪求婚。善聪不答应，说："我如果最终嫁给他，能保证别人不会怀疑吗？"亲戚邻居来相劝，善聪涕泪横流，更加不肯答应。人们纷纷传说，认为是奇事。上司听说后，便帮助李英缴纳聘礼，判定为夫妻。

【故事出处】

黄善聪，民家女，年十二，失母。其姊已适（嫁）人，独（只有）父业（从事）贩香。怜善聪孤幼，无所寄养，乃令（使）为男子装饰，携之游数年，父亦（也）死。

善聪即诡（guǐ，伪）姓名曰张胜，仍习其业自活。同辈（年龄相仿）有李英者，亦贩香，自金陵（今江苏南京市）来，不知其女也，约为伙伴，同寝食者逾（超过）年，恒（常）称有疾，不解衣袜，夜乃（才）溲溺（大小便）。

弘治（明孝宗年号）辛亥（辛亥年，即公元1491年）正月，与英皆返南京，已年二十矣（了）。巾帽（指男子打扮）往见其姊，乃以姊称之。姊言："我初（一向）无弟，安得来此！"善聪乃笑曰："弟即善聪也！"泣语其故（原因）。姊大怒，且詈（lì，责骂）之曰："男女乱群，玷（污）辱我家甚矣！汝虽自明（自己表白），谁则信之！"因遂不纳（接受）。善聪不胜愤懑，泣且誓曰："妹此身苟（如果）污，有死而已（罢了）！须令（使）明白以表寸心！"其邻即稳婆（接生婆）居，姊聊（姑且）呼验之，乃果处子（处女），始相持（抱着对方）恸（极伤心）哭，手为易（改）去男装。

越日（隔了一天），英（李英）来候（拜访），再约同往，则善聪出现，忽为女子矣。英大惊，骇（惊讶）问，知其故（原因），怏怏（心中闷闷不乐）而归，如有所失，盖（因为）恨其往事之愚也。乃告其母，母亦嗟叹（感叹）不已（停）。时英犹未室（未成家），母贤之（认为善聪好），即为求婚。善聪不从，曰："妾（我）竟（最终）归（嫁）英，保人无疑乎？"交亲（亲戚）邻里来劝，则涕泗（眼泪鼻涕）横流，所执（坚持的）益（更加）坚。众口喧传，以为奇事。

厂卫（此指有关官府）闻之，乃助其聘礼，判为夫妇。

（节选自《智囊》）

【点评】

前有木兰代父从军，后有善聪女扮男装贩香，都是奇女子！

81. 新妇处盗

【智慧故事】

有户人家娶媳妇当晚，有小偷来挖墙壁，挖穿墙壁后便进入室内。哪知室内竖着好几根大木头，小偷撞上木头，木头倒地，恰巧击中小偷头部，顿时被砸死。

主人家听到响动，立刻点燃蜡烛来照，原来是所认识的邻居，弄得一家人惊慌失措，担心被人反咬一口，招来灾难。这可怎么办呢？这时新媳妇出来了，见此情况，说："没关系。"家人问她用什么办法处理。新媳妇叫人腾空一只大箱子，把尸体放进箱子里，然后抬到小偷家门前，"笃笃"敲了几下，转身就走。

小偷的妻子打开门看到箱子，以为是丈夫偷来的东西，满心欢喜地把箱子拖进家中。她见丈夫好几天没回家，便打开箱子观看，里面装着的竟是丈夫的尸体。她不知道是谁杀的，正是哑巴吃黄连，有苦说不出，只得秘密地把尸体埋葬了，随即逃之夭夭。

【故事出处】

某家娶妇之夕，有贼来穴(挖穿)**壁，已入矣，会**(恰巧)**地有大木，贼触木倒，破头死。烛**(用烛光照)**之，乃**(原来是)**所识邻人，仓惶**(仓促惊慌)**间，惧反饵**(招致)**祸。新妇曰："无妨。"令空**(使……空出)**一箱，纳**(装)**尸于内，舁**(yú，抬)**至贼家门首**(前)**，"剥啄"**(象声词)**数下。贼妇开门见箱，谓**(认为)**是**(这是)**夫盗来之物，欣然收纳。数日夫不还，发**(打开)**视，乃是夫尸：莫知谁杀，因密瘗**(yì，埋葬)**之而遁**(逃跑)。

(节选自《智囊》)

【点评】

新妇沉着镇定，贼妇有苦难言！

82. 王珪母知儿必贵

【智慧故事】

唐朝的王珪（guī），官至礼部尚书，辅佐唐太宗数十年，为朝廷重臣。

王珪早年隐居时，与房玄龄、杜如晦友好往来。母亲李氏曾说："你将来必定富贵，然而我不知道与你交往的是何等人，请带他们一同来家让我见见面。"

适逢房玄龄、杜如晦等人来拜访，李氏悄悄地见了，大为惊讶，吩咐仆人赶快准备酒食，极尽欢乐。李氏笑着说："二位客人是辅佐天子的人才，我儿子将来能富贵必定无疑！"

史书另有记载：王珪的妻子曾剪下头发去换酒食招待客人，她看到在座的客人个个英俊，见那个年龄最小而长有弯曲胡须的，便说："你们将来成名，都得依靠这人！"那少年原来是日后的唐太宗。

【故事出处】

王珪始（早先）**隐居时，与房玄龄、杜如晦善**（友好）。**母李氏**（姓）**尝**（曾）**曰："儿必贵，然未知所与游**（交往）**者何如**（怎样的）**人，试**（请）**与偕**（同）**来。"会**（适逢）**玄龄等过**（拜访）**其家，李**（李氏）**窥**（悄悄地）**见，大惊，敕**（chì，此指吩咐）**具**（备办）**酒食，尽欢。喜曰："二客公**（对人的敬称）**辅才**（辅佐之才），**尔**（你）**贵不疑！"**

一说：珪妻剪发供（招待）**客，窥坐上诸公皆英俊，末及最少年虬髯**（qiú rán，胡须弯曲）**者，曰："汝等**（你们）**成名，皆因**（依靠）**此人！"少年乃**（原来是）**太宗**（唐太宗李世民）**也。**

（节选自《智囊》）

【点评】

物以类聚，人以群分！

83. 漂母饭韩信

【智慧故事】

韩信年轻时是个平民百姓，生活贫困，也没好的品行，曾经有一段时间向人乞讨过日子，人们都讨厌他。后来又转而向亭长乞讨，一连几个月，亭长的妻子也深感忧虑，于是提早把早饭吃完，等到韩信上门时，没给他准备吃的。韩信发觉了亭长妻子的用意，就不再上门。

韩信在淮阴城墙下钓鱼，身旁有好多大娘在漂洗丝绵。有一个大娘看到韩信饥饿，就分出一部分饭菜给韩信吃。那大娘漂洗了数十天，韩信得以天天有饭吃。韩信很高兴，对那大娘说："我一定会重重报答你！"大娘生气地说："大丈夫应该自食其力，我是可怜你这个年轻人而给你吃的，难道为了期望报答！"

多年后韩信成了汉朝开国元勋，封淮阴侯。他找到当年给他饭吃的大娘，不失诺言，以千金重谢。

【故事出处】

韩信为布衣(平民)**时，贫无行**(没好品行)**，尝**(曾)**从人寄食**(向人乞讨过日子)**，人多厌之。尝就**(前往)**亭长**(古代最基层的地方机构，主管治安与旅人食宿)**食数月，亭长妻患之**(对此感到忧虑)**，乃晨炊蓐食**(在床垫上吃完早饭。蓐，rù)**，食时信**(韩信)**往，不为具**(备办)**食。信觉其意，竟**(终)**绝**(断绝往来)**去。**

信钓于城下，诸(众)**母**(大娘)**漂**(指漂洗丝绵)。**有一母见信饥，饭信**(给韩信吃饭)**，竟漂数十日。信喜，谓漂母曰："吾必有以**(有办法)**重报母！"母怒曰："大丈夫不能自食，吾哀**(可怜)**王孙**(年轻人，指韩信)**而进食，岂望报乎？"**

信既（已）**贵**（指封为淮阴侯），**酬**（答谢）**以千金**。

（节选自《智囊》）

【点评】

后人建“漂母祠”，有对联道：“世间不少奇男子，千古从无此妇人！”

84. 王昭君不赂画工

【智慧故事】

汉元帝刘奭（shì）有很多嫔妃，不能经常见面，于是叫画师描绘她们的形貌，然后翻阅图册选择喜欢的召见。众嫔妃都贿赂画师，多的十万，少的也不低于五万，希望画师给她们描绘得靓丽些，唯独王昭君不肯贿赂，图形平常，因此不被元帝召见。

后来匈奴人来汉朝朝见皇帝，要找个美女做匈奴头领的妻子，表示双方友好。于是元帝翻阅画册，指定把昭君送出去。等到将离京出发，元帝召见昭君，想不到她的容貌是嫔妃中最好的，且应对得体，举止文雅。元帝对此十分懊悔，然而送往匈奴的名册已确定。元帝对外族极讲信用，便不再换人。

【故事出处】

元帝后宫（指后宫嫔妃）**既**（已）**多，不得常见，乃使画工图**（描绘）**形**（形貌），**案**（翻阅）**图召幸**（皇帝有所宠爱）**之。诸**（众）**宫人**（指宫女）**皆赂画工，多者十万，少者亦不减**（低于）**五万。独王嫱**（qiáng，王嫱字昭君）**不肯，遂不得见**（不能被召见）。**后匈奴入朝**（来汉朝），**求美人为阏氏**（yān zhī，匈奴头领的正妻叫"阏氏"）。**于是上**（皇上）**案图，以昭君行。及去，召见，貌为后宫第一，善应对**（语言上对答得体），**举止**（行动）**娴雅**（沉静文雅）。**帝悔之，而名籍**（登记名单的簿册）**已定。帝重信**（十分重视信用）**于外国**（外族），**故不复更**（改）**人。**

（节选自《西京杂记》）

【点评】

王昭君自尊，宁为玉碎，不为瓦全！

85. 平阳公主建“娘子军”

【智慧故事】

唐高祖李渊的第三个女儿，在没出名时嫁给了柴绍。

李渊起兵反隋，柴绍与妻子商量：“你父亲要扫清天下污浊、平定多灾多难的社会，我想投奔他共同战斗，但我们同时离家不可能，我一个人独自去又不放心，怕留下后患，有什么好计策吗？”

妻子说：“你应该赶快离家前往。我一女子，到时候自会有办法对付。”

柴绍就抄小路到太原。妻子随后回户县，散发家财，招募到七万士兵，以响应父亲的起义，号称“娘子军”。不久与哥哥李世民一同包围了隋朝京城长安。

长安攻下后，她被封为平阳公主。

【故事出处】

唐高祖第三女，微（地位低微。此指在未封为平阳公主时）**时嫁柴绍。高祖起义兵**（指反隋大军），**绍**（柴绍）**与妻谋曰：“尊公**（你父亲）**欲扫清多难，绍欲迎接义旗**（指投奔起义军），**同去**（离开）**则不可，独行恐惧后害**（患），**为计若何？”妻曰：“公**（你）**宜速去。我一妇人，临时**（到那时）**别**（另）**自为计。”绍即间行**（抄小路走）**赴太原**（今山西太原市）。**妻乃归鄠县**（今陕西户县。鄠，hù），**散家资，起兵以应**（响应）**高祖，得兵七万人，与太宗**（李世民）**俱**（一同）**围京城**（指隋朝京城长安），**号曰“娘子军”。京城平**（攻下），**封平阳公主**。

（节选自《续世说》）

【点评】

她是中国历史上第一个真正意义上的女将军！

86. 任氏勉皇甫谧勤学

【智慧故事】

晋朝的皇甫谧(mì)，二十岁时还不好好读书，成天东游西荡，有人认为他是痴呆的人。

皇甫谧曾经弄到了一些瓜果，给叔母任氏吃。任氏说："《孝经》上说：即使每天用牛、羊、猪的肉供养父母，还不能算孝顺。你如今已二十出头，眼睛不看书，心中无正道，没什么用来使我得到安慰。"接着感慨地继续说，"从前孟母三迁，终于使孟子有了仁心，曾参杀猪教育好了儿子，难道是我选择的邻居不好，还是我教导的方法有所不当，你为什么如此愚蠢不开窍！修身勤学，是你自己获得好处，跟我有什么关系？"说罢，对着皇甫谧哭泣流泪。

皇甫谧为此感慨激奋，于是前往乡里人席坦家求学，而且刻苦努力。家中贫困，亲自耕种与收获，常携带书本劳作，终于精通了儒家经典及诸子百家的著作。

壮年后著书立说，自称"玄晏先生"，成了当时著名的学者。

【故事出处】

皇甫谧(姓皇甫，名谧)**年二十，不好学，游荡无度**(限止)，**或**(有人)**以为痴。尝**(曾)**得瓜果，辄**(zhé，就)**进**(送给)**叔母任氏**(姓)。**任氏曰："《孝经》云**(说)：**'三牲**(指牛、羊、猪三种牲畜的肉)**之养**(赡养)，**犹**(还)**为不孝。'汝**(你)**今年**(年龄)**余**(超过)**二十，目不存教**(接受教育)，**心不入道**(正道)，**无以**(没什么用来)**慰我**(使我得到安慰)。"**因叹曰："昔**(从前)**孟母三徙**(迁)**以成仁，曾**(指曾参)**父烹豕**(shǐ，猪)**以存教，岂我居不卜**(选择)**邻，教有所阙**(同"缺")，**何尔**(你)**鲁纯**(愚笨)**之甚也！修身笃**(专心)**学，自汝**(你)**得之，于我**

何有(跟我有什么关系)**!"因对之流涕**(泪)。

谧乃感激(激奋)**,就**(前往)**乡人席坦受书,勤力不怠**(松懈)。**居贫,躬自**(亲自)**稼穑**(耕种与收获)**,带经**(指儒家经典著作)**而农,遂博综典籍百家之言。沉静寡**(少)**欲,始有高尚之志,以著述**(写作)**为务**(职业)**,自号"玄晏先生",著《礼乐》、《圣真》之论。**

(节选自《晋书》)

【点评】

任氏教育侄子,苦口婆心,终见效果!

87. 衙役妇义救犯人

【智慧故事】

有个姓王的义士，不知他名字叫什么，是泰州如皋县衙门的差役。甲申那年，明朝灭亡后，当地的平民许德溥不肯按清政府规定剃头发，发誓宁死不屈。官吏以违抗朝廷命令而把他杀了，妻子被判流放边疆。

王义士适逢当班押解，他敬重许德溥的正义行动，想拯救他妻子，可没办法，于是整夜叹息睡不着。他的妻子对此感到奇怪，便问："你为什么整夜辗转反侧，有什么心事？"

王义士说："这不是你们女人家所了解的。"

妻子说："你不要认为我是妇人而轻视我。你只管说给我听，我能给你谋划。"于是王义士把情况告诉了她。

妻子说："这不难。如果能找到一个人代替她就行了。"

王义士说："确实是这样。可是哪里去找这样的人呢？"

妻子说："我愿意代替。"

王义士说："真的吗？还是开玩笑？"

妻子说："确实是真的，有什么可开玩笑的？"

于是王义士趴在地上叩头感谢，马上去告诉许德溥的妻子，让她回娘家躲避，随后王义士夫妇上路。

每当经过郡县的驿站，需前往验明正身时，他的妻子俨然像个被押解的流放犯人。经过数千里行程，到达流放地。一路上风霜雨雪，心甘情愿，毫无怨恨。

【故事出处】

王义士（有正义感的人）**者，失其名，泰州如皋**（今江苏如皋市）**县隶**（县衙门的差役)也。甲申(指公元1644年)国亡(指明朝灭亡)后,同邑(同县)布衣(平民)许德溥不肯剃发刺臂誓(发誓)死。有司(官吏)以抗令弃之市(杀死后把他的尸体暴露市场)。妻当徙(流放)。

王(指王义士)适(恰逢)值解(当班押送)。高(认为……高尚)德溥之义,欲脱(解脱)其妻而无术(办法),乃终夜唏嘘(叹息)不成寐(睡不着)。其妻怪之(对此感到奇怪),问曰:"君何为彷徨(辗转反侧)如此也?"王曰:"非尔(你们)妇人所知也。"妻曰:"子(你)毋(不要)以我为妇人也而忽(轻视)之。子第(只管)语(告诉)我,我能为子筹(谋划)之。"王语之故(原因)。妻曰:"诚(如果)能得一人代之可矣。"王曰:"然(对的),顾(只是)安得(怎能找到)其人哉?"妻曰:"吾愿代以行。"王曰:"然乎(真的吗)?戏耶(开玩笑吗)?"妻曰:"诚然(确实这样)耳,何戏之有(有什么开玩笑的呢)?"王乃伏地顿首(叩头)以谢,随以告德溥妻,使匿(藏)于母家,而王夫妇即就道(上路)。

每经郡县驿舍(驿站),就(前往)验时,俨然(极像)官役解(押送)罪妇也。历数千里,抵徙所,风霜艰苦,甘之不厌(心甘情愿毫无怨恨)。

(节选自《虞初新志》)

【点评】

王义士的妻子才是真正的义士!

88. 董氏助夫避险

【智慧故事】

唐朝武则天掌权时，太仆卿来俊臣权势显赫，朝廷官员不敢正面看他。上林令侯敏偏要巴结他。

侯敏的妻子董氏规劝阻止他说："来俊臣是祸国殃民的坏人，他的权势不会很长，一旦垮台，依附他的人都会遭殃，你可以敬而远之。"

侯敏听了妻子的话，渐渐疏远来俊臣。来俊臣察觉后大怒，把他贬为涪(fú)州武龙县令。

侯敏不想上任，希望回故乡，董氏说："赶快离开京城，不要停留。"于是，一家人出发。

到了涪州，州官不同意他上任。

侯敏十分忧闷，董氏说："姑且住下，不要离去。"

过了五十天，忠州的叛敌攻破武龙县城，杀了县令。侯敏因为没上任而逃过一劫。

后来来俊臣也被处死，其同党多遭流放，侯敏因与他无关连而免罪。

【故事出处】

则天（武则天）**朝**（执政），**太仆卿**（职官名称）**来俊臣之强盛**（指权势大），**朝官**（朝廷官员）**侧目，上林令**（职官名称）**侯敏偏事**（巴结）**之**。

其妻董氏谏（规劝）**止之曰："俊臣，国贼**（祸害），**势不久，一朝**（一旦）**事败，党附**（依附的同伙）**先遭**（遭殃），**君**（你）**可敬而远之。"**

敏（侯敏）**稍稍**（渐渐）**引退**（退避）。**俊臣怒，出**（贬）**为涪州**（今重庆市境内）**武龙令**（县令）。**敏欲去**（辞去）**官归，董氏曰："速去**（离开），**莫求住**（停留）。”**遂行。至州**（指涪州），**州将**（州的长官）**不放上**（不同意上任）。**敏忧闷无已**（不停），**董氏曰：“且**（姑且）**住，莫求去。”**

停五十日，忠州贼破武龙，杀旧县令，敏以不计上（没批准上任）**获全。**

后俊臣诛（被杀），**逐**（流放）**其党**（同伙），**敏又获免。**

（节选自《朝野佥载》）

【点评】

沉着而有预见的董氏！

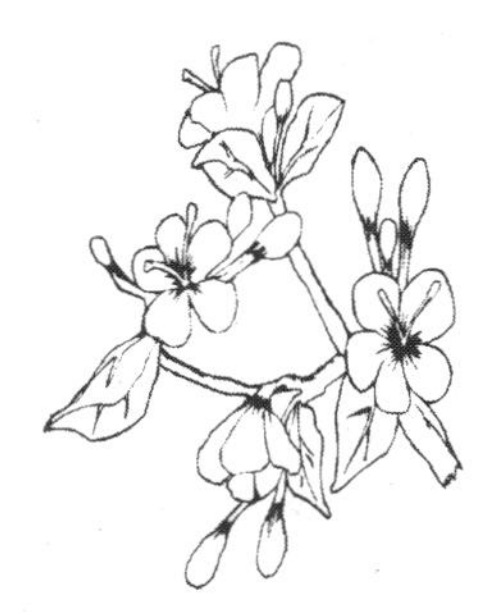

89. 车夫之妻勉夫

【智慧故事】

晏子做齐国国相时，有一次车夫给他驾着车出门。车夫的妻子从门缝里偷看，见她的丈夫撑着车上的大盖伞，挥动鞭子赶着四匹马拉的大车，一副得意洋洋的神态。

不久，车夫回家了，他的妻子要求跟他离婚。

车夫感到奇怪，问她原因，妻子说："晏子身高不满六尺，身为国相，在诸侯各国名声显赫。刚才我看他出门，思想很深沉，常把自己放在别人之下，而你身高八尺，给人做赶车的仆人，然而你的思想神态，自以为很满足。我因此要离开了。"

受到妻子教育后，车夫便自我克制，谦虚多了。

晏子感到奇怪而问他，车夫把实情一一告诉晏子。晏子觉得车夫大有长进，便推荐他做了大夫。

【故事出处】

晏子（即晏婴。"子"是对他的尊称）**为齐相**（国相），**出，其御**（车夫）**之妻从门间**（缝）**而窥**（kuī，偷看）。**其夫为相御**（赶车），**拥**（撑）**大盖**（车上圆形的伞），**策**（鞭赶）**驷马**（四匹马拉的大车），**意气洋洋，甚自得**（自鸣得意）。

既而（不久）**归，其妻请去**（离去。指离婚）。**夫问其故。妻曰："晏子长**（身高）**不满六尺**（周朝一尺约合今七寸左右），**身相**（做国相）**齐国，名显**（显赫）**诸侯。今者**（刚才）**妾**（我）**观其出，志念**（神态思想）**深**（深沉）**矣，常有以自下**（把自己放在别人之下）**者。今子**（你）**长八尺，乃**（却）**为人仆御**（做仆人给人赶车），**然子之意，自以为足**（满足），**妾是以**（因此）**求去也。"**

其后，夫自抑损（克制并减少傲气）。**晏子怪**（感到奇怪）**而问之，御以实**（实情）**对**（回答）。**晏子荐以为大夫**（古代职官名称）。

（节选自《晏子春秋》）

【点评】

这"大夫"是妻子得来的！

90. 唐河店老妇斗辽敌

【智慧故事】

北宋初年，生活在今天东北地区的辽人不断地进关侵扰。河北的唐河店，是边防重地，早先是个热闹的小镇。自从辽人进关骚扰后，百姓死的死、逃的逃，不几年就田地荒芜、集市萧条，剩下的人不多了。

一天，辽兵又进村了，人们纷纷逃避，整个村子只有一个老妇人没走。一个辽兵进村后，来到老妇人屋前。他翻身下马，将马拴在门前树上，手里拿着弓箭，粗着喉咙朝老妇人吼道："喂，老太婆，快给我打点水，我口渴得很，马也要饮水。"

老妇人朝辽兵看看，拎起水桶和绳子往井边走去。她刚把桶放到井里，突然停止了，抬起头朝坐在门口的辽兵喊道："绳子太短了，井水吊不起来，我年纪大，使不出力，请大王自己来打水吧！"老妇人故意称辽兵为大王。

"蠢货！"那辽兵站起来，气呼呼地走到井边，把绳子系在弓的一端，这样可使绳子长一点，接着便弯下腰打井水。老妇人看准机会，使尽全力，从后面将辽兵推落到井中。她奔到屋前，解下辽兵的战马，骑着马直奔郡府。马背上挂着一个象征辽敌的猪头。

沿路百姓看到，无不拍手赞扬。大家夸这个老妇人有计谋有胆略。

【故事出处】

端拱（宋太宗赵光义年号）**中，有妪**（yù，老妇人）**独止**（居住）**店上**（指唐河店。今河北唐县西北，古为边防重镇）。

会（遇到）**一虏**（此指辽兵）**至，系马于门，持弓矢，坐定，呵**（hē，大声怒唤）**妪汲**（取）**水。妪持**（拿）**绠**（gěng，绳子）**缶**（fǒu，瓦罐）**趋**（小步走向）**井，悬而复止**（把绳子瓦罐刚放下去就停止了）。**因**（用）**胡语**（此指辽语）**呼虏为王，且告虏曰："绠短不能及**（够不上）**也，妪老力惫**（弱），**王可自取之。"**

虏因（于是）**系绠弓杪**（miǎo，把绳子系在弓的末尾），**俯**（弯腰）**而汲焉。妪自后推虏堕井，跨马诣**（yì，往）**郡。马之介甲**（甲与介同义，均指马身上的护甲）**具焉，鞭之后复悬一猪首**（此象征敌人的头颅）。**常山**（唐河店属常山郡）**民吏观而壮之**（认为她有气魄）。

（节选自《唐河店妪传》）

【点评】

这老妇人有谋有胆，故能"独止店上"！

91. 黄道婆推广纺织

【智慧故事】

宋朝的时候，福建、广东盛产棉花，把它纺织成布，名叫“吉贝”。江苏松江东面五十里，有个小镇叫乌泥泾，那一带土地贫瘠，百姓生活不能自给自足，大家想种些别的东西，用来弥补生活的不足。于是有人从福建、广东弄来一些棉种，试着在乌泥泾播种。开始时还没有踏车、椎弓一类弹花的工具，都是用手将棉籽剥去，用弦线和竹弓等简单工具，放在桌子上，用手拨弦弹松棉花，制成成品，所花的劳动力很大。

元朝初年，有个老妇人叫黄道婆。她本是江苏松江人，年轻时流落到海南岛，在那儿生活了几十年，跟黎族人民学会了弹花、纺织等技术。她回到故乡后，就教乌泥泾一带的百姓制造轧棉籽用的铁杖和弹花、纺纱、织布等工具。至于纱线的交叉配合，纱线的编织提花，各有各的方法。凡是经过黄道婆指导而织成的被、褥、彩带、手巾，新颖诱人。那上面有的织着一枝枝花朵，有的织着双双飞舞的凤凰，有的织着格子，有的织着字样。总之，所有图案，清清楚楚，像画出来的一样。很多人学会了这种技艺，纷纷纺织各种花布贩卖到他乡，不久，家家户户都富裕起来了。

从元朝起，经过明清两朝，松江的纺织技术越来越高，松江土布闻名中外。首先传经纺织的黄道婆，后人为她修墓建碑，世世代代纪念她。

【故事出处】

闽（mǐn，福建）、**广**（广东）**多种木棉**（指草棉），**纺绩**（纺织）**为布，名曰"吉贝"**。

松江府东去五十里许（左右）**曰乌泥泾，其地土田硗瘠**（qiāo jí，土质硬而且不肥），**民食不给**（足够），**因谋**（考虑）**树艺**（种植。指种些别的东西），**以资**（助）**生业，遂觅种**（指种植棉花）**于彼**（那里）。**初无踏车、椎弓**（椎子和弓，都是弹棉花的工具）**之制**（制造），**率**（都）**用手剖去子**（指棉籽），**线弦竹弧**（弦线和竹制的弹弓）**置案**（桌子）**间，振掉**（振动）**成剂**（成品），**厥**（jué，其）**功**（所花力气）**甚艰**。

国（元朝）**初时，有一妪**（yù，老妇人）**名黄道婆者，自崖州**（今海南岛境内）**来，乃教以做造捍**（gǎn，铁杖）、**弹、纺、织之具**。**至于错纱**（纱线的编织）**配色，各有其法**。**以故织成被、褥、带**（腰带）、**帨**（shuì，手巾），**其上折枝**（一枝枝花朵）、**团凤**（凤凰图案）、**棋局**（格子）、**字样**（文字图案），**粲然**（清楚的样子）**若写**（画）。**人既受教，竞相**（争着）**作为**（干纺织的事），**转货**（贩卖）**他郡**（地方），**家既就殷**（走向富足）。

（节选自《南村辍耕录》）

【点评】

一个普通的农家女子，对社会作出了如此巨大的贡献，历史不会遗忘她！

92. 长孙皇后的临终告诫

【智慧故事】

唐太宗贞观八年，长孙皇后得了重病，太子李承乾进宫侍奉，私下对皇后说："药物全用过了，您的病情仍未见好转，请报告皇上释放囚犯，并使人出家为僧，希望能得到上天降福保佑。"皇后说："生死是命中注定的，不是人力所能改变的。如果行善修福可以延长寿命，那么我生平没有做过坏事；如果做善事仍不能延长寿命，那又有什么福可求呢？释放囚犯是国家大事，使人出家为僧，则是保存异域的宗教教义，这样做不仅败坏朝政，而且又是皇上不喜欢做的，怎能因为我一个妇人而乱了国家的法典呢？"

李承乾不敢上奏，就把这件事告诉左仆射房玄龄，房玄龄禀告唐太宗，太宗和侍臣无不叹息。朝廷众臣都请求大赦天下，太宗同意了。皇后听到后极力争辩，太宗才放弃这一决定。

长孙皇后病危，与太宗诀别。当时房玄龄因有过错被免职回家，皇后坚持说："房玄龄追随陛下的时间最长，平日小心谨慎，陛下的奇谋秘计，玄龄都参与谋划，从不曾泄漏一句。如果没有重大的缘故，希望陛下不要罢免他。另外我同宗族的人因为姻亲的缘故有幸做了官，他们既然不是凭德行被选拔的，就容易遭受危险。如果要长久平安，千万不要让他们担任要职，只要以外戚身份按时入朝请安，就很荣幸了。我活着时对国家没有什么贡献，死了就不要多费钱财。我死后只求皇上将我靠山埋葬了，不必修建坟墓，不必用多层的棺木，陪葬所需要的器物，全用木头和陶瓦制作，节俭薄殓为我送终，就是陛下不忘我了。"

唐太宗贞观十年六月己卯，长孙皇后在立政殿病逝，享年三十六岁。

【故事出处】

八年（指贞观八年。即公元634年），[**长孙皇后**]（唐太宗李世民妻）**染疾危**

惙(chuò,气息微弱)。**太子承乾**(李承乾)**入侍**(进宫侍奉),**密后曰**(私下对皇后说):“**医药备尽,尊体不瘳**(chōu,痊愈),**请奏**(向皇上报告)**赦**(大赦)**囚徒,并度人入道**(使人出家为僧),**冀**(希望)**蒙**(受到)**福助。”后**(长孙皇后)**曰:“死生有命,非人力所加**(改变)。**若修福可延**(延长寿命),**吾素**(一向)**非为恶;若行善无效,何福可求?赦者,国之大事,佛道者**(让人出家为僧这类事),**示存**(保存)**异方**(异域)**之教耳,非惟**(不仅)**政体靡弊**(败坏),**又是上**(皇上)**所不为**(不喜欢的),**岂以**(难道因为)**吾一妇人而乱**(使……扰乱)**天下法?”**

承乾不敢奏(报告皇上),**以告左仆射**(职官名称,相当于宰相)**房玄龄。玄龄以闻**(房玄龄把这事报告了皇上),**太宗**(唐太宗李世民)**及侍臣**(周围大臣)**莫不歔欷**(感慨)。**朝臣**(朝廷大臣)**咸**(都)**请肆赦**(大赦天下囚徒),**太宗从之**(听从了他们的请求)。**后**(长孙皇后)**闻之固争**(极力规劝),**乃止**(指停止大赦)。

将大渐(病危),**与太宗辞诀**(诀别)。**时玄龄以谴**(指因为过失而免官)**归第**(回家),**后固**(坚持)**言:“玄龄事**(效力)**陛下**(皇上)**最久,小心谨慎,奇谋秘计,皆所预闻**(参与),**竟**(始终)**无一言漏泄,非有大故**(过错),**愿勿弃之。又妾**(我)**本宗**(本族),**幸**(侥幸)**缘**(有缘分)**姻戚,既非德举**(因有德而被推荐做官),**易履危机**(容易遭受危险),**其**(如果)**保全永久,慎勿处之权要**(把他们安排在重要职位),**但**(只要)**以**(凭)**外戚奉朝请**(入朝请安),**则为幸**(荣幸)**矣。妾**(我)**生**(活着)**既无益于时**(社会),**今死不可厚费。……无用**(不需要采用)**棺椁**(棺材外的套材),**所须器服,皆以木瓦,俭薄送终,则是不忘妾也。”十年六月己卯**(日子),**崩**(死)**于立政殿,时年三十六。**

(节选自《旧唐书》)

【点评】

长孙皇后的临终嘱咐,高瞻远瞩,前无古人!

93. 杜太后遗嘱

【智慧故事】

宋代开国皇帝赵匡胤（yìn）本是五代十国时后周的禁军统领。后周皇帝柴荣死后，他的年幼的儿子继承了皇位。大臣不服，朝廷动荡。公元960年，北方的辽人乘机侵犯中原。赵匡胤率军北上抗击，大军刚离京城开封走到陈桥驿时，将士们把黄袍披在他身上，拥戴他做皇帝。世称宋太祖。

于是太祖勒兵回京城。有人骑着快马先赶回开封报告赵匡胤的母亲杜氏说："您儿子做皇帝啦！"

杜氏平静地说："他从小就有大志，今天果然实现了。"

赵匡胤登基后，尊他的母亲为皇太后。一天，朝臣都来向她祝贺，杜太后却神情严肃、面无笑容。周围的人觉得奇怪，有人说："我们听说过，做母亲的因为儿子有地位而显得高贵。如今您老人家的儿子做了皇帝，怎么不显得高兴？"

"你们只想到一面，没想到另一面。"杜太后说，"古人说过：做皇帝难。皇帝的地位在亿万百姓之上，如果国家治理得好，当然受人敬仰；如果治理得不好，一旦群起而攻之，到那时想要做一个普通的百姓也办不到啦！这就是我担忧的原因。"

太祖立刻跪下来说:“母亲的话我一定牢牢记住。”

建隆二年,太后病倒了,太祖服侍老人家吃药治病,不离左右。不久,病加重了,太后自知在世不长了,便叫宰相赵普进入卧室,听受遗嘱。

太后气喘吁吁地问太祖:“是什么原因使你做了皇帝?”

太祖见母亲将要离开人间,只知道呜呜咽咽地哭,一句话也说不出来。太后一再追问,太祖回答说:“这全是靠了祖宗和太后的福。”

“不对。”太后严肃地说,“这是因为周世宗(后周的皇帝柴荣)传位给一个小孩子做皇帝的缘故。如果让年长一点的人即位,皇帝怎么会轮得到你做呢?古往今来,因为即位的皇帝年纪太小而亡了国的,不计其数。你去世后,应该把帝位传给弟弟匡义。天下是那样的大,要处理的事情多得无穷,一个小孩子怎么管得了?要是让年龄大一点的人即位,这是国家的福气啊!”

太祖叩头,哭着说:“遵命。”

太后侧过身来对旁边的赵普说:“你把我的话记下来,千万不要违背。”赵普在太后病榻前当场将太后的遗嘱和太祖的话写了下来,在纸的末尾写上“臣普书”三字。以后便把太后的遗嘱藏在铁箱子里,给宫中机要人员保管。

宋太祖赵匡胤死后,他的弟弟赵匡义做了皇帝,世称宋太宗。由于赵氏兄弟两人的奋斗,宋王朝得以巩固下来。

【故事出处】

太祖(指赵匡胤)**自陈桥还京师**(京城),**人走**(奔)**报太后曰:“点检**(职官名称,当时赵匡胤为都点检,即禁军最高统帅)**已作天子。”太后曰:“吾儿素有大志,今果然。”太祖即位,尊皇太后,太祖拜太后于堂上,众皆贺。太后愀然**(神色不愉快的样子。愀,qiǎo)**不乐,左右进曰:“臣闻‘母以**(因)**子贵’,今子为天子,胡为**(为什么)**不乐?”太后曰:“吾闻‘为君**(皇帝)**难’,天子置身兆庶之上**(亿万百姓之上),**若治**(管理)**得其道,则此位可尊;苟或**(如果)**失驭**(管理不当),**求为匹夫不可得,是吾所以忧也。”太祖再拜曰:“谨受教**(一定听从教导)。”

建隆(赵匡胤年号)**二年,太后不豫**(豫,安适;不豫,指有病),**太祖侍药饵**

(药物)**不离左右。疾亟**(病重)**，召赵普入受遗命**(遗嘱)**。太后因问太祖曰："汝知所以得天下乎？"太祖呜咽不能对**(回答)**。太后固**(一再)**问之，太祖曰："臣所以得天下者，皆祖考**(已死的父亲)**及太后之积庆**(积德)**也。"太后曰："不然，正由**(因)**周世宗**(后周皇帝)**使幼儿主**(主管)**天下耳。使**(假使)**周氏有长君**(年长的皇帝)**，天下岂为汝有乎？汝百岁后**(指死后)**当传位于汝弟。四海之广，万几至众**(要处理的事情极多。"万几"即"万机")**，能立长君，社稷**(jì，国家)**之福也。"**

太祖顿首(叩头)**泣曰："敢不如教。"**

太后顾(回头)**谓赵普曰："尔同记吾言，不可违也。"命普于榻前为约誓书，普于纸尾书"臣普书"。藏之金匮**(kuì，箱子)**命谨密宫人掌之。**

(节选自《宋史》)

【点评】

杜太后遗嘱，真知灼见！

三、诙谐才子

94. 朱古民诱汤生出户

【智慧故事】

朱古民善于开玩笑。冬季的一天，他来到姓汤的年轻人的书房。

姓汤的说："你一向多智多谋，假如现在我坐在书房里，你能诱骗我到门外去吗？"

朱古民说："大门外吹西北风很冷，你一定不肯出去，如果你先站在大门外，我就可以用室内暖和来引诱你进门，你一定会相信。"

姓汤的相信他的话，便走出书房站在大门外，对朱说："你怎么引诱我进室内呢？"

朱拍手笑着说："我已经引诱你出门了！"

【故事出处】

朱古民善谑(xuè，开玩笑)。**冬日在汤生**(年轻人)**斋**(书房)**中。汤曰："汝**(你)**素**(一向)**多智术**(方法)**，假如今坐室中，能诱我出户**(门)**乎？"朱曰："户外风寒，汝必不肯出，倘先立户外，我则以室中受用**(指暖和舒服)**诱汝，汝必信矣。"汤信之，便出户外立，谓朱曰："汝安**(怎么)**诱我入户哉？"朱拍手笑曰："我今诱汝出户矣！"**

(节选自《智囊》)

【点评】

朱古民果然"多智术"！

95. 祝知府判犬与牛

【智慧故事】

南昌姓祝的知府，凭为人正直与有处事能力出名。姓宁的大户人家有鹤，被百姓家的狗咬死，宁家的差役向官府告状，说："鹤有金字招牌，是皇上赏的。"祝知府判道："鹤系着金字招牌，但狗不识字。禽兽伤害对方，怎关人事！"最终释放了狗的主人。

又有两户人家的牛相斗，一头牛死了。主人告状，祝知府判道："两牛相斗，一死一生。死的共同享受，煮了吃掉，活的供两家共同耕田。"

【故事出处】

南昌祝守（太守。此指知府）**以廉**（正直）**能**（有才能）**名**（出名）。**宁府有鹤，为**（被）**民犬咋**（咬）**死，府卒**（差役）**讼**（告状）**之云**（说）：**"鹤有金牌**（刻有金字的牌），**乃**（是）**出御赐**（皇上所赏赐）**！"祝公**（指祝知府。"公"是对人的尊称）**判云："鹤带**（系）**金牌，犬不识字。禽兽相伤**（伤害对方），**岂干**（关）**人事！"竟**（最终）**纵**（释放）**其人。**

又两家牛斗，一牛死。判云："两牛相斗，一死一生。死者同享，生者同耕！"

（节选自《智囊》）

【点评】

判得干脆，合情合理！

96. 驸马逼婚

【智慧故事】

有个年轻人刚在科举中考取进士，又长得很帅，好多有权有势的贵族人家都看中了他，想招为女婿。有家贵族抢先一步，让十几个仆人把那年轻的进士簇拥着往自己家中走。那进士竟欣然而行，一点也不推辞。

到了贵族家，围观的人挤得水泄不通。一会儿，有个穿紫色官服的高官出来，说："我家只有一个女儿，也不算丑陋，希望与你公子相配，可以吗？"

那进士说："我出身贫寒家庭，地位低微，能够高攀，确实很荣幸。不过让我先回家一趟，试着跟妻子商量一下，怎么样？"

众人听后发出一阵哄笑，然后散了。

【故事出处】

有一新贵（刚考中进士）**少年**（年轻人）**，有风姿，为贵族之有势力者所慕，命十数仆拥致**（到）**其第**（家）。**少年欣然而行，略不**（一点也不）**辞**（推辞）**逊**（谦让）。

既（已）**至，观者如堵**（围墙）。**须臾**（一会儿）**，有衣**（穿）**金紫者出曰："某**（我）**惟**（只有）**一女，亦**（也）**不至丑陋，愿配君子，可乎？"少年鞠躬谢曰："寒微**（指家庭贫寒地位低下）**得**（能）**托**（寄身）**高门，固**（确实）**幸**（荣幸）**，待更**（再）**归家，试与妻商量如何？"众皆大笑而散**。

（节选自《墨客挥犀》）

【点评】

对这种势利人家，该调侃！

97. 诸葛恪得驴

【智慧故事】

诸葛恪（kè）是诸葛瑾的大儿子，他的叔父就是大名鼎鼎的蜀国丞相诸葛亮。诸葛恪从小聪明伶俐，二十岁不到就被任命为骑都尉。

诸葛恪的父亲诸葛瑾，面孔生得狭长，像驴子脸。有一回，孙权大会群臣，叫人将一头驴子牵进大堂，驴脸上挂了一条长长的标签，标签上写着“诸葛子瑜”（诸葛瑾字子瑜）四个字。

很多人为诸葛恪捏着一把汗，也有的人瞟着诸葛恪，仿佛在说：聪明的诸葛恪，这下看你怎么办？

诸葛恪马上跪在孙权面前请求说：“请给我一支笔，让我在标签上增加两个字。”

孙权同意他的要求，叫人给他一支笔。诸葛恪拿过笔在原有的四个字下面加上“之驴”两字，成了“诸葛子瑜之驴”。

大堂中顿时爆发出一阵阵欢笑。孙权不得不将驴子赐给了诸葛恪。

【故事出处】

诸葛恪字元逊，瑾（诸葛瑾，字子瑜，诸葛亮之兄）**长子也。恪父瑾面长似**

驴，孙权大会（集合）**群臣，使人牵一驴入，长检**（标签）**其面，题**（写）**曰：诸葛子瑜。**

恪跪曰："乞（求）**请笔益**（增加）**两字。"因听**（任凭）**与笔。恪续其下曰："之驴"。**

举坐欢笑。乃以驴赐恪。

（节选自《三国志》注引）

【点评】

这叫顺手牵"驴"！

98. 沈质吟诗退盗

【智慧故事】

明朝太仓地方有个老书生叫沈质，家里十分贫困，靠收徒讲学为生。

一个冬天的夜晚，他冷得睡不着觉。有个小偷凿穿了墙壁入室盗窃。沈质听到了声音，随口念了一首打油诗："风寒月黑夜迢迢，辜负劳心此一遭。只有破书三四束，也堪将去教儿曹。"

小偷听了忍不住一笑，走了。

【故事出处】

沈质字（表字）**文卿，居太仓**（今江苏太仓市）**，家甚贫，以授徒**（给学生上课）**为生。一夕寒不成寐**（睡着）**，有盗**（小偷）**穿**（凿）**其壁。文卿知之，口占**（不打草稿随口念的诗）**云**（说）**："风寒月黑夜迢迢**（漫长）**，辜负劳心此一遭**（走了一趟）**。只有破书三四束**（捆）**，也堪**（可）**将**（拿）**去教儿曹**（儿女们）**。"**

穿壁者一笑而去。

（节选自《东望楼记事》）

【点评】

不用斥责，而用口占打油诗一首调侃，奇哉！

99. 诸葛恪调侃“白头翁”

【智慧故事】

曾经有只白头翁躲在吴国宫殿前。孙权说：“这是什么鸟？”

诸葛恪说：“是白头翁。”

此时老臣张昭也在坐，因为他年纪最大，且满头白发，怀疑诸葛恪是借此调侃他，于是说：“诸葛恪在欺骗皇上！我从未听说过有鸟名‘白头翁’的，请诸葛先生再找‘白头母’。”

诸葛恪说：“鸟名‘鹦母’，不一定有成双，请让张昭老臣再找一只‘鹦父’。”

张昭舌结不能回答，在座的人都哈哈大笑。

【故事出处】

曾有白头鸟集（栖）**殿前。权**（吴国君主孙权）**曰：“此何鸟也？”恪**（指诸葛恪）**说：“白头翁也。”**

张昭自以（自认为）**坐中最老，疑恪以鸟戏**（调侃）**之，因曰：“恪欺陛下**（皇上）**，未曾闻鸟名曰‘白头翁’者，试**（请）**使恪复**（再）**求**（找）**‘白头母’。”恪曰：“鸟名‘鹦母’，未必有对**（成双）**，试使辅吴**（指张昭。他封为辅吴将军）**复求‘鹦父’。”昭不能答，坐中皆欢笑。**

（节选自《三国志》）

【点评】

张昭自讨没趣！

100. 许君治戏惩武秀才

【智慧故事】

江苏人推崇学文，练习武艺的比较少，然而科举中武科选拔不能缺少。每当轮到考试的年份，地方官员就搜罗人士充数，常常名额不足。于是无赖之徒投机参加考试，侥幸获得一个武秀才的名称。一旦中举后，便在乡里横行不法，不仅当地百姓感到痛苦，即使地方官员也为此头痛。

听说以前华亭县县令许君治审理一桩案件，不禁让人失笑。

一天，有个武秀才揪着一个乡下人到县衙门控告。许君治询问原因，原来是乡下人进城挑粪，不小心撞了武秀才，把他的衣服弄脏了。有人出面调解，让乡下人给他洗净并赔礼道歉。然而武秀才不同意，一定要痛打乡下人才结束。

许君治了解经过后，拍桌子大怒说："你小人真粗心，怎么可以弄脏秀才的衣服？按法律要重重地惩罚！"

乡下人惊慌害怕地请求可怜。许君治想了好久，说："姑且饶恕你。"随即要求武秀才坐在厅堂旁边，命令乡下人向武秀才叩头一百，作为谢罪。

乡下人叩头到七十多，许君治突然对武秀才说："我几乎忘记了，你是文秀才还是武秀才？"回答说："是武秀才。"许君治笑嘻嘻地说："我大错了。文秀才应叩头一百，武秀才只要一半就可以了！如今乡下人多叩了二十个头，你该还给他！"于是再叫乡下人在旁边坐下，而揪住武秀才叩还二十个头。武秀才不肯，许君治叫差役夹住他，按下他的头，叩还二十个头才放手。

武秀才大怒，走出厅堂，许君治拍手大笑。

当地看到的或听到这事的人，也无不感到痛快！

【故事出处】

江苏人尚（推崇）**文学，习武者少，然武科**（科举考试中的武科）**不能废。**

当岁试之年(轮到某年科举考试)**辄**(zhé,就)**搜罗充数,往往不及**(到)**额而止。无赖者**(游手好闲的人)**幸博一衿**(侥幸获得一个武秀才的身份。衿,jīn),**不求上进,每横行于一乡,不特**(不只)**闾里**(乡里、里弄里)**苦之**(对他们感到头痛),**即地方官亦苦之。**

尝(曾)**闻华亭**(今上海市松江区)**令**(县官)**许君治鞫**(jū,审讯)**一事,不禁为之失笑。**

一日者,有武生(武秀才)**扭一乡人至县喧诉**(控诉)。**许**(许君治)**讯其故**(原因),**则**(原来是)**乡人入城担粪,误触**(撞)**生,污其衣。已经途人排解**(调解),**令**(使)**代为洗濯及服礼**(赔礼道歉)。**而生不可,必欲痛抶**(chì,鞭打)**之而后已**(完事)。**许询悉**(了解)**其情,亦拍案大怒曰:"尔**(你)**小人乃粗心,擅**(随意)**污秀才衣,法**(按法律)**当重责**(惩罚)**!"乡人惶恐**(惊慌害怕)**乞**(求)**怜,许良久曰:"姑**(姑且)**宽尔。"令生坐于堂**(大厅)**侧,而饬**(chì,命令)**乡人向之叩头百,以谢**(道歉)**罪**(认罪)。

叩之七十余,许忽曰:"我几(几乎)**忘之,尔之秀才,文乎?武乎?"对**(回答)**曰:"是武**(武秀才)。**"则又冁然**(微笑的样子。冁,chǎn)**曰:"我大误!文秀才应叩一百,武则一半可矣。今多叩二十余头,尔应还之!"复令乡人高坐,而捉**(抓住)**武生叩。生不肯,则令皂隶**(差役)**挟持,而抑**(按)**其首,叩还二十余乃释**(放)。

生大怒走出,许抚掌(拍手)**大笑。邑人**(当地人)**观者闻者,亦**(也)**无不大笑也。**

(节选自《庸闲斋笔记》)

【点评】

如此无赖,该惩!

101. 唐伯虎写祝寿诗

【智慧故事】

明朝的唐伯虎，是个出名的滑稽才子。他对门住着一个富翁，富翁的老母亲适逢七十大寿，便恳请唐伯虎写一首祝寿诗。唐伯虎一口答应，提笔就写："对门老妇不是人。"富翁看了大吃一惊，这不是在骂人吗？硬着头皮再看唐伯虎写下一句："好似南山观世音。"这下稍微定心了，因为终南山上的观世音菩萨终年受善男信女膜拜。第三句是："两个儿子都是贼。"富翁大惊失色，这还了得，明明是富户善良之人，怎么一下子成了"贼"？

唐伯虎说："慢着，还有末句哩。"富翁瞪着眼提心吊胆地看着唐伯虎落笔，只见写道："偷得蟠桃献母亲。""嘘——"，富翁深深地透了一口气，原来兄弟俩不是"贼"，是去昆仑山上"偷"了西王母的吃了长生不老的仙桃，然后献给母亲，多么孝顺的儿子啊！

【故事出处】

伯虎(唐寅字伯虎)**对门一富翁之母七十寿诞，求诗于伯虎。伯虎援**(提)**笔书**(写)**曰："对门老妇不是人。"富翁见书**(字)**而惊。又书曰："好似南山**(指终南山，在今陕西境内)**观世音。"意稍解**(放松)。**第三句曰："两个儿子都是贼。"见之，又不觉失色**(大惊的样子)。**续更**(又)**书曰："偷得蟠桃献母亲。"**

（节选自《坚瓠集》）

【点评】

波澜起伏！

102. 汉武帝以隐语召东方朔

【智慧故事】

汉武帝曾经用谜语召见东方朔。

当时，上林苑官吏把枣子进献给武帝，武帝召见东方朔。东方朔刚走到宫门口，武帝用手杖敲击未央宫的门槛，并说："叱叱！先生束束(cì cì)！"

东方朔立刻说："上林苑进献四十九枚枣子吧？"

武帝笑了。

原来，东方朔看到皇上用手杖敲击门槛，含意"两木"(手杖与门槛)为"林"，是指上林苑；"束束"岂不是枣(繁体"棗"字)字吗？"叱叱"(音似七七)即四十九。

【故事出处】

武帝(指汉武帝刘彻)**以隐语**(谜语)**召东方朔。时上林**(指上林苑，皇帝私人园林)**献枣，帝以杖击未央**(宫殿名称)**前殿**(指门槛)，**曰："叱叱！先生束束！"朔至曰："上林献枣四十九枚乎？"**

朔见上(皇上)**以杖击槛**(门槛)，**"两木"为林，上林也；束束，枣也；叱叱，四十九也**。

(节选自《智囊》)

【点评】

设谜者智，解谜者巧！

103. 冯相买靴九百文

【智慧故事】

宋朝有两个丞相，一个姓冯，一个姓和，他们同在中书省任职。

一天，和相见冯相穿了双新靴子，便问冯相："你新买的靴子价值多少？"冯相举起左脚给和相看，说："花了九百个铜钱。"

和相的脾气向来急躁，马上回头对侍从说："我买的靴子为什么要花一千八百个铜钱？"因此唠唠叨叨地对侍从责备个没停。

冯相这才慢悠悠地抬起右脚说："这靴也花了九百个铜钱。"

于是在座的哄堂大笑。

【故事出处】

冯相、和相同在中书（中书省。宋朝最高行政机构）。**一日，和问冯曰："公**（你）**靴新买，其直**（同"值"，价值）**几何？"冯举**（抬起）**左足，示和**（给和相看）**曰："九百。"和性褊急**（急躁），**遽**（立刻）**回顾**（回头看）**小吏云**（说）：**"吾靴何得用一千八？"因诟责**（批评责问）**小吏久之。冯举其右足曰："此亦九百。"于是哄堂大笑。**

（节选自《归田录》）

【点评】

九百加九百等于一千八！

104. “查名”须向榜头看

【智慧故事】

明朝万历年间，慈溪人杨守勤上京赶考。

他路过扬州时，盘缠已不够，正好有个同窗在那里做县官，便递上名帖想借些路费。不料那同窗在名帖上批了“查名”——查一查他的头衔，便退还了。杨守勤一看，顿时傻了眼，只得狼狈地离去。

第二年春天，考试发榜，杨中了状元。于是他写了首诗寄给那位做县官的同窗：“萧萧行李上长安，此际谁怜范叔寒；寄语江南贤令尹，查名须向榜头看。”

那县官得诗，深深地感到既羞愧又悔恨。

【故事出处】

万历（明神宗年号）**中，慈溪**（今浙江慈溪市）**杨守勤赴京会试**（由礼部主持的科举考试）。**道出**（路过）**维扬**（今江苏扬州一带），**因行李**（路费）**匮乏，适**（恰巧）**一同窗**（老同学）**友作县尹**（县官），**遂投刺**（递上名帖）**告假资**（借钱）。**友批“查名**（查官衔）**”二字，杨遂狼狈而去。来春揭**（发）**榜，天下第一，因作诗贻**（送）**友云：“萧萧**（寒酸的样子）**行李上长安**（用长安借代明朝都城北京），**此际谁怜范叔**（即范雎，他在齐国被诬陷，逃到秦国，穷困潦倒，后做了秦国国相）**寒；寄语江南贤令尹**（县官），**查名须向榜头看。”**

（节选自《坚瓠集》）

【点评】

自作自受！

105. 杨靖与猴弈

【智慧故事】

在我国西部少数民族聚居的地方，有两个仙人在山中树下下棋。一只老猴子每天都在树上偷看他们运子的方法，时间长了，也掌握了下棋运子的窍门。

国都里的人听说后前去观看，两个仙人便悄悄隐去。

猴子便从树上下来跟人下棋，竟没有人能战胜它的。

国王认为这事奇异，便把老猴子献给朝廷。皇帝便下命令征集下棋高手跟它对弈，可都不是它的对手。

有人推荐杨靖，认为他是高手，但这时杨靖正在狱中，于是皇帝下令把他释放出来。

杨靖在盘子里放着桃子，摆在猴子前面，猴子心里想着吃桃子，无法专心下棋，于是连败数局。

【故事出处】

西番（西部少数民族地区）**有二仙，弈**（下围棋）**于山中树下，一老猴于树上日窥**（偷看）**其运子之法，因得其巧。国人闻而往，仙者遁**（逃）**去，猴即与**

人弈，莫之能胜（即“莫能胜之”）。

国王以为奇，献于朝（朝廷）。**上**（皇上）**诏**（皇帝发出的文书）**征能弈者与之较，皆不敌**（比不上）。

或（有人）**言杨靖善弈——时杨靖以事系**（关押）**于狱，诏释出之。靖以盘贮桃，置于猴前，猴心牵于桃，无心弈，遂败。**

（节选自《说圃识余》）

【点评】

杨靖只是耍了点小聪明，至于棋艺，未必能胜于老猴！

106. 顾况以口鼻之争喻府公

【智慧故事】

唐朝诗人顾况曾任著作郎，因上司嫉妒他，打算离开官府。

临别时顾况说："我有一天梦见嘴巴与鼻子争高下。嘴巴说：'我谈论古今是与非，你怎么能处在我上面？'鼻子反驳说：'凡是饮食，除了我有谁能辨别香臭好坏？'眼睛不服气，对鼻子说：'我近的能看清毛发的末端，远的能看到天边，只有我应该排在最前！'眼睛又对眉毛说：'你有什么功劳，竟然处在我上面？'眉毛说：'我虽然没有什么用处，好比世上有宾客，对主人有什么好处？但没有他们就不成礼仪。要是脸上没有眉毛，那成什么面孔？'"

上司听后默不作声，领会到顾况在讥讽他，于是请顾况留下，像早先一样对待他。

【故事出处】

顾况与府公（对官府主管的尊称）**相失**（有矛盾），**揖**（打躬）**出幕**（离开官府）。**况**（顾况）**曰："某**（我）**梦口鼻争高下，口曰：'我谈古今是非**（对与错），**尔**（你）**何能居**（处）**我上？'鼻曰：'饮食非我不能辨。'眼谓鼻曰：'我近鉴**（看）**毫端**（毛的末端），**远察天际**（边），**惟**（只有）**我当先**（前）。**'又谓眉曰：'尔有何功，居我上？'眉曰：'我虽无用，亦**（也）**如世有宾客，何益主人？无**（如果没有）**即不成礼仪。若无眉，成何面目？'"**

府公悟（领会）**其讥，待之如初**（早先）。

（节选自《唐语林》）

【点评】

一则杜撰的寓言竟触动了上司！

107. 李白骑驴过华阴治所

【智慧故事】

李白被权贵排挤出京城长安后，漫游四方。有一天他想登华山，乘着酒兴骑着驴子路过华阴县衙门。按规定，小百姓经过县衙门要下车下马，表示对县官大人的敬重，可李白生性狂放，全不管这些。县官得知有人无礼，便大怒，命令差役把李白拉进公堂。县官问："你是什么人？"李白把经过写下，但不具姓名，说："你要问我什么人，我可以直言相告。我曾经让皇帝用手巾擦拭呕吐之物，皇上亲自调羹，贵妃捧着砚台待我写诗，高力士替我脱靴子。皇帝的宫门前尚且允许我跑马，难道在华阴县衙门前不能骑驴经过！"

县官一听又怕又羞愧，原来眼前的人是李白，于是叩头道歉："不知道李翰林到此。死罪！死罪！"李白大笑而去。

【故事出处】

李白浮游（漫游）**四方，欲登华山**（在今陕西境内）**，乘醉跨**（骑）**驴经县治**（县衙门）。**宰**（县官）**不知**（不知是李白）**，怒，引**（拉）**至庭下**（厅堂上）**，曰："汝**（你）**何人？"白**（李白）**供状**（写明情况）**不书**（写）**姓名，曰："曾令龙巾**（皇帝用的手巾）**拭**（揩）**吐，御手**（皇帝亲手）**调羹，贵妃**（指杨贵妃）**捧砚，力士**（指高力士，当时最有权势的太监）**脱靴。天子**（皇帝）**门前尚**（尚且）**容**（允许）**走马，华阴县里不得骑驴！"**

宰（县官）**惊愧，拜谢**（道歉）**曰："不知翰林**（指李白。李白曾任翰林院供奉）**至此。"白长**（大）**笑而去**（离开）。

（节选自《唐才子传》）

【点评】

华阴县官有眼不识泰山！

108. 真假稻草人

【智慧故事】

有人在池塘里养了鱼，担忧鹈(yí)鸟来吃小鱼，于是扎了个稻草人，并给它披上蓑衣，戴上竹笠，拿着竹竿，插在池塘里，用来吓唬鹈鸟。

开始时鹈鸟在空中盘旋飞翔，不敢立即下来，经仔细观察后便飞下来啄鱼。时间长了，竟不时飞到稻草人的竹笠上歇息了，安然地毫不受惊害怕。

养鱼人见了，悄悄地拿走稻草人，自己披着蓑衣、戴着竹笠站在池塘里。鹈鸟依旧飞下来啄鱼。那人随手抓住它们的脚，鹈鸟无法逃脱，用力扇动翅膀，发出“假假”的声音。

那人说：“早先是故意制作一个假人，如今难道也是假的吗？”

【故事出处】

人有鱼池，苦(担忧)**群鹈窃**(偷)**啄食之，乃束草为人，披蓑**(蓑衣)**戴笠**(竹笠)**持**(拿着)**竿，植**(插)**之池中，以慑**(威吓)**之**(指代鹈鸟)。**群鹈初回翔**(盘旋)**不敢下，已**(后来)**渐审视**(仔细看)**下啄。久之，时**(不时地)**飞止笠上，恬**(安然地)**不为惊。人有见者，窃**(悄悄地)**去**(除去)**刍人**(稻草人)**，自披蓑戴笠而立池中。鹈仍**(依旧)**下啄，飞止如故。人随手执**(抓住)**其足，鹈不能脱，奋翼**(用力飞)**声“假假”**(象声词)。**人曰：“先故**(故意)**假，今亦假耶**(吗)**？”**

（节选自《权子杂俎》）

【点评】

假作真时真亦假，真真假假难分辨！

109. 王守仁息讼

【智慧故事】

王守仁的一个朋友跟人打官司，气呼呼地来请他判断是非。

王说："你现在比较激动，等几天你心平气和了，再跟你谈这件事。"

几天后，那人又来找王守仁，说："我现在已心平气和，希望你教我如何对付这事。"

王说："既然已心平气和，还用得着我开导吗？"

【故事出处】

一友与人讼（打官司），**来诘**（问）**是非。阳明**（即王守仁。他曾筑室故乡阳明洞中，世称王阳明）**曰："俟**（等待）**汝**（你）**数日后，心平气和，当为汝说。"**

后数日，其人来，曰："弟子（我，谦虚的说法）**此时心平气和，愿赐教**（希望你开导我）。**" 阳明曰："既已**（已经）**心平气和，又何教？"**

（节选自《明儒学案》）

【点评】

内心不平才要告状，内心平和了便无状可告！

110. 郭忠恕戏弄富家子

【智慧故事】

宋初的郭忠恕，善于绘画。然而若有人请他画画，必定生气地走开；要是自己想画画，就会动手。他经常跟干苦力的人去酒店饮酒，说："我所交往的，都是你们这般人。"

有一年他住在岐山下，有个富家子弟很喜欢绘画，每天供给他美酒，招待得极丰厚，时间长了，才说出真情——想请郭忠恕画画，而且特意送上白色的生绢一匹。

郭忠恕不想给他作画，但又碍于情面，便在绢上画了一个小孩子拿着线放风筝，因为画面空白处很多，便画了几丈长的风筝线把画面填得满满的。

富家子弟见了大为恼火，就跟郭忠恕断绝往来。

【故事出处】

郭忠恕善画。有求者，必怒而去；意欲画，即自为之。时与役夫（干苦活的人）**小民入市肆**（店铺）**饮，曰："吾所与游**（交往）**，皆子类**（你们这类人）**也。"寓岐**（岐山。在今陕西境内）**下时，有富人子喜画，日给醇酒，待之甚厚，久乃以情言，且致匹素**（白色的绢。可用来作画）**。郭为画小童持线放风鸢**（yuān，风筝）**，引线数丈满之。富家子大怒，与郭遂绝。**

（节选自《古今谭概》）

【点评】

好比一斤米蒸出十斤饭，富家子得画后啼笑皆非！

111. 边韶答弟子

【智慧故事】

后汉的边韶，字孝先，以文章闻名于当时，门下学生数百人。

边韶口才极好，有一次白天打瞌睡，恰巧被几个学生看见，他们便悄悄地嘲讽道："边孝先，大腹便便；懒读书，只想睡眠。"

不料他们的话被边韶暗地里听到，他随即应答说："边为姓，孝是字；大腹便便，盛装五经；只想睡眠，全在思经；睡时跟周公做一样的梦，醒时与孔子想一样的事；师傅也可以嘲讽，出自什么典籍？"

几个嘲讽的学生大为羞愧。

【故事出处】

边韶字孝先，陈留（今河南开封市东南）**人也，以文章知名，教授数百人，有口辩。会**（适逢）**昼日假卧**（打瞌睡），**弟子私**（私底下）**嘲之曰："边孝先，腹便便**（肥胖的样子）；**懒读书，但**（只）**欲眠。"韶潜**（暗中）**闻之，应时**（随即）**对**（回答）**曰："边为姓，孝为字；腹便便，五经**（指儒家所认为的五种经典著作。即《诗》、《书》、《礼》、《易》、《春秋》）**笥**（sì，竹筐。比喻满腹）；**但欲眠，思经**（指"五经"）**事；寐**（睡着）**与周公**（姓姬，名旦，周武王之弟，协助武王伐商纣，并建周朝）**通梦，醒与孔子同意；师而可嘲，出何典记？"嘲者大惭**（羞愧）。

（节选自《后汉书》）

【点评】

掷出的砖头砸在自己身上！

112. 施世纶“兽面人心”

【智慧故事】

施世纶曾任水道运输的总督，相貌异常丑陋，人们在背后称他为“缺不全”。

他初任县官的时候去拜见上司，上司中有人见他这副相貌，竟捂着嘴暗笑。

施世纶表情严肃地说：“你认为我相貌丑陋吗？人面兽心，这才是真正可恶的人。像我，则是兽面人心，有什么妨害呢？”

那些暗笑的人顿时哑口无言。

【故事出处】

漕宪(水上运输的高官)**施公，貌奇**(特别)**丑，人号为“缺不全”。初仕**(做官)**县尹**(县官)**谒**(拜见)**上官，上官或**(有的)**掩口而笑。**

公正色曰：“公以某貌丑耶？人面兽心，可恶耳；若某，则兽面人心，何害焉(呢)**？”**

（节选自《巢林笔谈》）

【点评】

“人面兽心”与“兽面人心”，四字仅调换了位置，含义天壤之别。施公不仅褒扬了自己，而且斥责了嘲笑他的人！

113. 唐伯虎作诗讥术士

【智慧故事】

有个术士拜见唐伯虎，竭力向他宣传烧炼金银的好处。唐伯虎说："这么好的技术，为什么不自己去烧炼，却要来赏给我呢？"术士说："只怨我福分太浅。我见过很多人，但没有人像你有仙风道骨。"

唐伯虎笑着说："那好，我们两人合作，我只出仙福。我在城北有两间空屋，很僻静。你到那儿去烧炼，烧炼出金银后，我们各人一半。"

那术士还不明白唐伯虎早就看穿了他的把戏，每天登门求见，并拿出一把扇子请唐伯虎题诗。于是唐伯虎在扇子上写道："破衣衫中破布裙，逢人便说会烧银；如何不自烧些用？担水河头卖与人。"

【故事出处】

有术士（有道术的人）**谒**（拜见）**唐寅**（唐寅字伯虎），**极言烧炼之妙。唐云**（说）：**"如此妙术，何不自为，乃贶**（kuàng，赐给）**及鄙人**（我）**？"术士云："恨吾福浅！吾阅**（看）**人多矣，仙风道骨**（指有仙气），**无如君者。"唐笑曰："吾但**（只）**出仙福，有空房在城北，甚僻静，君**（你）**为烧炼，炼成两剖**（平分）。**"术士犹未悟**（领会）。**日造**（到）**门，出一扇求诗。唐大书云："破布衫中破布裙，逢人便说会烧银。如何不自烧些用？担水河头卖与人**（在河边打了水再在河边出售给人，比喻自欺欺人）。"

（节选自《古今谭概》）

【点评】

此人遇到唐伯虎，活该受嘲讽！

114. 冯道明谒见雍陶

【智慧故事】

雍陶任简州刺史，自比晋朝谢朓、柳恽一样有才华的诗人。常常拒宾客于千里之外，守门的人也懒得通报，因此很少有人能受到接见。

有个叫冯道明的落第才子，前来拜见，说：“我与员外是老朋友。”

守门的把冯道明的话告诉雍陶，待到带进大厅，雍陶呵斥冯说：“我与你素昧平生，哪儿认识你呢？”冯道明说：“我诵员外的诗，敬仰员外的为人，每天与员外在诗集中相见，怎么说素昧平生呢？”于是冯当即背诵了雍陶的几首诗。雍陶听罢，欣然热情地款待他，像交往多年的老朋友一样。

【故事出处】

雍陶为简州（今四川简阳市）**牧**（此指州的长官。此指刺史），**自比谢朓、柳恽也。宾至则折挫**（指不接见）**之。阍者**（守门人。阍，hūn）**亦怠，投贽**（zhì，见面礼物）**者亦稀得见。**

有冯道明下第（科举中未录取），**请谒**（拜见）**云：“与员外**（指雍陶。旧时对有权势的人的尊称）**故旧。”阍者以道明言启之，及**（等到）**引**（带领）**进，陶呵**（斥责）**曰：“与公素昧平生**（从不相识），**何方相识矣！”道明曰：“诵员外之言，仰员外之德；诗集中日得相见，何隔平生也？”遂吟雍陶之诗数篇。陶闻吟，欣狎**（亲昵）**待道明如故旧。**

（节选自《云溪友议》）

【点评】

几句恭唯话说得刺史眉开眼笑！

115. 何梅谷化妻

【智慧故事】

江西鄱阳县有个何梅谷，他的妻子年老时迷上了佛教，从早晨到傍晚，必定要口念“观音菩萨”千遍。而何梅谷精通儒家学识，相信孔孟之道，且在当时出了名。

何梅谷阻止妻子念佛，可妻子不听从；若不阻止，又担心被同辈儒学者嘲笑，真是进退两难。

有一天，他一而再、再而三地呼唤妻子，到了夜里还不停止。妻子发怒了，说：“为什么吵闹到这种地步！”何梅谷慢悠悠地回答说：“我只呼唤你这么几次，你就对我发怒；观音菩萨每天被你呼唤千遍，怎能不生你的气？”妻子顿时感悟，从此以后便不再念佛。

【故事出处】

鄱阳（今江西鄱阳县）**何梅谷妻，垂**（将）**老好佛事，自晨至夕，必口念“观音菩萨”千遍。梅谷以儒学**（指孔孟学识）**闻**（出名）**于时，止之则弗从，弗止恐贻**（留）**笑士论**（议论）。**一日，呼妻至再**（二次）**且三，随夜随呼勿辍**（chuò，停）。**妻怒曰：“何聒噪**（吵闹，聒，guō）**若是耶**（呢）**！”梅谷徐**（慢悠悠地）**答曰：“呼仅二三，汝即我怒**（即“怒我”）；**观音一日被尔呼千遍，安得不汝怒耶？”妻顿悟**（觉醒），**遂止**。

（节选自《中州野录》）

【点评】

以子之矛，攻子之盾，效果不错！

116. 艾子冻孙

【智慧故事】

艾子有个孙子，十岁左右，既调皮又不爱读书，经常挨打，可始终不悔改。

艾子的儿子只有这个儿子，常怕儿子经不起挨打而死掉，每当艾子责罚，他就哭着求艾子原谅。

艾子说："我认为你教子无方！"于是对孙子打得更加厉害。

一天下大雪，孙子在外面

玩雪。艾子见了，剥掉他的衣服，命令他跪在雪地里，孙子冻得浑身发抖。

艾子的儿子不敢分辩，也脱掉衣服跪在儿子旁边。

艾子见了，惊讶地问："你的儿子有过错，应该受罚，你为什么要受挨冻的罪？"

艾子的儿子说："你让我儿子受冻，我也让你的儿子受冻。"

艾子听了，啼笑皆非。

【故事出处】

艾子有孙，年十许（左右），**顽劣**（顽皮不听话）**不学，每杖而不悛**（quān，悔改）。**其子但**（只）**有是**（这）**儿，恒**（常）**恐儿之不胜**（经受不起）**杖而死，责**（惩罚时）必涕泣（哭着流泪）以请（求）。艾子曰："吾为（认为）若（你）教子不善（没好方法）！"杖之益（更加）峻（严厉）。其子无奈（无可奈何）。

一日大雪，孙嬉雪于外。艾子见之，去其衣，令跪雪中寒战（受冻发抖）之状可掬（jū，两手捧着。此指见得到）。其（指代艾子）子不敢复言，亦脱其衣跪其（指代儿子）旁。艾子惊问曰："汝（你）儿有过，应受此罚，汝何受此罪？"其子泣曰："汝冻（使受冻）吾儿，吾亦冻汝儿。"

（节选自《艾子后语》）

【点评】

虽滑稽可笑，但艾子儿子的行为不失为诙谐有趣！

117. 钱穆甫为如皋令

【智慧故事】

宋人钱穆甫任如皋县县令，适逢有一年旱灾，引发蝗害，而泰兴县县令竟欺骗郡太守说："我县无蝗灾。"

不久，泰兴县蝗害大起，太守责问他。县令无辞以对，便说本县原无蝗虫，大概是从如皋县飞来的，于是发紧急公文要求如皋县加紧捕蝗，别让蝗虫侵犯邻县。

钱穆甫收到紧急公文，就在信的末尾回答说："蝗虫本是天灾，即非县令不才。既自敝邑飞去，却请贵县押来。"

【故事出处】

钱穆甫为如皋（今江苏如皋市）**令**（县官），**会**（适逢）**岁旱蝗发**（兴起），**而泰兴**（今江苏泰兴市）**独**（竟）**绐**（dài，欺骗）**郡将**（郡太守）**云**（说）**："县界**（本县内）**无蝗。"**

已而（不久）**蝗大起，郡将诘**（责问）**之。令**（指泰兴县令）**辞穷**（无言回答），**乃言县**（本县）**本无蝗，盖**（大概）**自如皋飞来，乃**（于是）**檄**（xí，发紧急公文）**如皋请严**（狠狠地）**捕蝗，无使侵邻境。**

穆甫得檄，辄（zhé，就）**书**（写）**其纸末报**（答复）**之曰："蝗虫本是天灾，即非县令不才**（没能力）。**既自敝邑**（我县）**飞去，却**（再）**请贵县**（你县）**押来。"**

（节选自《避暑录话》）

【点评】

对不负责任的泰兴县令只能如此！

118. 戴高帽子

【智慧故事】

有个在京城做朝廷官员的人，将离京去外地任职，临行前去拜别老师。

老师说："在地方上做官不容易，你要谨慎行事。"

那人说："没问题。我准备了一百顶高帽子，逢人就送一顶，该不会有矛盾了吧。"——所谓"高帽子"，意为给对方说好话，多奉承。

老师生气地说："我们都是按正道行事的人，何必要这个！"那人说："像你老师这样不喜欢戴高帽子的人，天底下能有几个？"老师点头说："你的话也不是没道理。"那人从老师家出来，对人说："我原有高帽子一百顶，如今只剩下九十九顶了。"——那一顶已送给了老师！

【故事出处】

有京朝官（在京城里做朝廷官员）**出仕**（做官）**于外**（指地方上），**往别**（告别）**其师。师曰："外官**（地方官）**不易为**（做），**宜**（应）**慎之。"其人曰："某**（我）**备有高帽**（比喻给对方说奉承话）**一百，逢人则送其一，当**（该）**不至有所龃龉**（jǔ yǔ，比喻有矛盾）**也。"师怒曰："吾辈**（我们这般人）**直道**（正道）**事人**（与人交往），**何须如此！"其人曰："天下不喜戴高帽如吾师者，能有几人欤**（呢）**？"师颔其首**（点头）**曰："汝**（你）**言亦**（也）**不为无见**（不是没见识）**。"其人出，语人曰："吾高帽一百，今止**（只）**存**（剩）**九十九矣。"**

（节选自《一笑》）

【点评】

封建社会的世态就是这样！

119. 王文度与范荣期嬉谑

【智慧故事】

南朝梁代的王文度和范荣期，都是简文帝的要臣。

范荣期年龄大而职位低，王文度年纪轻而职位高。有一次要前行，轮番互相推让，范要王先行，王要范先走，最后范荣期走在前，王文度跟在后面。

王文度于是说："簸之扬之，糠秕在前。"——他把范荣期比作糠和秕谷，在簸扬时它们先被排弃。

范荣期接着说："淘之汰之，沙砾在后。"——他把王文度比作沙砾，在淘金时沙砾总是留在最后被抛弃。

【故事出处】

王文度与范荣期俱（都）**为简文**（指南朝梁代简文帝萧纲）**所要**（重臣）。**范**（范文期）**年大而位**（职位）**小，王**（王文度）**年小而位大。将前**（前行），**更**（轮流）**相推**（互相推让）**在前。既**（已）**移久**（多时），**王遂在范后。王因**（于是）**谓曰**（说道）：**"簸**（bò，一种簸扬、除去糠秕的器具）**之扬之，糠秕在前**（糠秕比谷物轻，故簸扬时先排弃）。**"范曰："淘**（指淘金）**之汰之，沙砾在后。"**

（节选自《世说新语》）

【点评】

虽是调侃嬉谑，确针锋相对，也见智慧！

120. 东方朔为帝乳母脱罪

【智慧故事】

汉武帝的乳母，曾经在宫外干了犯法的事。武帝要惩罚她。

乳母向武帝的宠臣东方朔求助。

东方朔说："这不是用言语能争得的。"接着说，"你一定期望我帮助你，那么这样吧，你拜见皇上临去时，只要一再回头看皇上，千万不要说话！这或许万一有可救的希望。"

没几天后，乳母去见皇上，东方朔也在皇上旁侍奉。乳母按东方朔设计的做了，她告别皇上时两步一回头、三步一回头。东方朔乘机说："你发疯了！皇帝现在已长大，难道还要靠吃你的乳汁活命吗？"

汉武帝听了心中掠过一阵悲凉，忆及旧恩，当即下令赦免了乳母的罪。

【故事出处】

汉武帝乳母，尝（曾）**于外**（宫外）**犯事。帝欲治之。乳母求东方朔**（姓东方，名朔，汉武帝宠臣），**朔曰："此非唇舌**（指语言）**所争。尔**（你）**必望济**（帮助）**者，将去**（离去）**时，但**（只）**当**（应）**屡顾**（回头看）**帝，慎**（千万）**勿言！此或可万一冀**（有希望）**耳。"乳母既至**（指已到皇上身边）。**朔**（东方朔）**侍**（陪）**侧，因谓曰："汝**（你）**痴耳！帝今已长**（长大），**岂复赖**（依靠）**汝**（你）**乳哺**（吃奶）**活耶？"帝悽然**（忧伤的样子），**即敕**（下令）**免罪。**

（节选自《智囊》）

【点评】

引出武帝思旧之情，好主意！

121. 温公娶妇

【智慧故事】

东晋的温峤（jiào）死了妻子。堂姑刘氏，家逢战乱，流离失散，只有一个女儿，既美丽又聪明，堂姑把女儿的婚事托付给温峤。

温峤自己有娶堂姑女儿的心意，就回答说："好女婿难以找到，不过像我这样的可以吗？"

堂姑说："兵马荒乱的年代，活下来已不容易，只要找个过得去的女婿共同生活就可以，这足以慰藉我的晚年。哪敢希望找到像你这样的人呢？"

几天之后，温峤回复堂姑说："女婿已经找到了，门第还可以，女婿的名声和官职都不比我差。"并留下一个玉镜台作为聘礼，堂姑很高兴。

等到结婚那天行交拜礼时，新娘用手揭开面纱，拍手大笑说："我本来就疑心是个老东西，果然如我所料！"

玉镜台是温峤做刘琨的长史北征刘聪时得到的。温峤后来官至宰相。

【故事出处】

温公（即温峤。"公"是对人的尊称）**丧妇。从姑**（父亲的同祖姐妹）**刘氏，家值**（遇）**乱**（社会动乱）**离散，唯**（只）**有一女，甚为姿慧。姑以属**（嘱托）**公**（指温峤）**觅婚。公密**（暗中）**有自婚意，答云**（道）**："佳婿难得，但**（仅）**如峤比云何**（怎么样）**？"姑云："丧败**（社会动乱）**之余，乞**（求）**粗**（勉强）**存活，便足慰**（慰藉）**吾余年，何敢希**（望）**汝比**（跟你差不多）**？"**

却后（以后）**少日，公报姑云："已觅得婚处**（人家）**，门地**（门第）**粗可，婿身名**（名声）**宦**（官职）**，尽不减**（低）**峤。"因下**（指送聘礼）**玉镜台一枚，姑大喜。**

既（已）**婚，交礼**（指结婚时行的交拜礼）**，女以手披**（拨开）**纱扇**（遮脸的细绢），**抚掌**（拍手）**大笑曰：“我固**（本）**疑是老奴，果如所卜**（估料）！”

玉镜台，是公为（任）**刘越石**（即刘琨）**长史**（军中主管事务的官员）**北征刘聪所得。**

（节选自《世说新语》）

【点评】

自娶媳妇自做媒，皆大欢喜！

122. 酒徒谢生

【智慧故事】

长洲地方有个姓谢的年轻人，酷爱饮酒，曾经上张幼于先生的门。张幼于好客，然而因家庭贫困无法使客人一醉而归。

一天，张幼于得到了美酒，便设宴请客，姓谢的也去了。仆人给来客都只斟半杯酒。姓谢的感到不满足，于是离开坐席出去小便。临走时用纸包了一块泥，悄悄招仆人交给他，并叮嘱说："我因为内脏有病，不能多饮，现在把这几文钱给你做劳务费，求你少给我斟酒。"

仆人打开纸包，原来是一块泥，十分怨恨，于是每次斟酒故意给他斟得满满的。姓谢的暗暗得意。这天只有他一个人获得了加倍的酒喝。

【故事出处】

长洲（今江苏境内）**谢生**（年轻人）**嗜**（酷爱）**酒，尝**（曾）**游张幼于先生之门。幼于喜宴会，而家贫不能醉客**（使客人喝得畅快）。

一日得美酒招客，童子（仆人）**率**（都）**斟**（倒酒）**半杯。谢生苦**（感到不舒心）**不足，因出席小遗**（小便），**纸封**（包住）**土块，招童子密授**（交）**之，嘱曰："我因脏**（内脏）**病发，不能饮，今以数文钱劳**（慰劳）**汝**（你），**求汝浅斟吾酒也。"发**（打开）**封得块**（泥块），**恨甚，故**（故意）**满斟之。谢是日**（这天）**独得倍**（加倍）**饮**。

（节选自《智囊》）

【点评】

虽聪明，但近乎狡黠！

123. 巫婆制妒妇

【智慧故事】

京城地方有个读书人的妻子极好妒，经常用长绳子拴住丈夫的脚，要使唤丈夫就牵动绳子。

那读书人去跟巫婆商量如何办。巫婆告诉他，乘着妻子熟睡时，把绳子改拴羊，自己则沿着外墙逃走。

妻子醒后，想唤丈夫，她牵动绳子，却来了一只羊，大惊失色，便招来巫婆询问。巫婆说："祖宗责怪你积恶，所以让丈夫变了羊。若能悔过，可求请神灵宽恕。"

妻子便抱着羊痛哭，发誓悔过。巫婆又叫她斋戒七天。

七天后，丈夫回来了，妻子见了哭着说："你好多天做了羊，不是很辛苦吗？"

丈夫说："还记得整日吃草的痛苦，肚子里时时发痛。"妻子更加悲哀。后来只要妻子又妒了，丈夫便趴在地上发出羊叫声，妻子惊慌起身，表示道歉，永远不敢这样了。

【故事出处】

京邑（京城地方）**士人**（读书人）**妇大妒**（嫉妒），**尝**（常）**以长绳系**（拴）**夫**（丈夫）**脚，唤便牵绳。**

士（士人）**密与巫妪**（老巫婆）**谋，因**（乘着）**妇眠，士以绳系羊，缘**（沿着）**墙走避。**

妇觉（醒），**牵绳而羊至**（到），**大惊，召问巫。巫曰："先人**（祖宗）**怪**（责怪）**娘**（你）**积恶，故郎君**（指丈夫）**变羊。能悔**（悔过），**可祈**（祈祷）**请**（请求宽恕)。”**妇因抱羊痛哭悔誓**(发誓言)。**巫乃令七日斋**(斋戒)。

士徐徐(慢悠悠地)**还。妇见,泣曰:“多日作羊,不辛苦耶**(吗)**?”士曰:“犹**(还)**忆啖**(dàn,吃)**草不美,时作**(发)**腹痛。”妇愈**(更加)**悲哀。**

后略(稍微)**复妒,士即伏地作羊鸣,妇惊起,永谢**(道歉)**不敢。**

(节选自《艺文类聚》)

【点评】

纵然是搞笑,但巫婆制妒有术!

124. 陈五斥女巫

【智慧故事】

京城里有很多人相信巫婆。有个叫陈五的武人，讨厌他家人迷信巫婆，但没办法对付。

一天，陈五在嘴里含了一颗青李子，骗家里人说是疮肿很痛，不吃不喝在床上躺了一整天。他的妻子十分忧虑，就把巫婆招来。巫婆装神弄鬼，说陈五患的是疔疮，原因是陈五一向不尊重神灵，如今神灵不救他。家里人围着巫婆叩头求拜，诚恳地祈祷，巫婆答应请神灵救助。这时陈五假装不断地呻吟，对家里人说："一定要让神师进室内看看，救我一命！"巫婆进室内探视，陈五竟不慌不忙地从嘴里吐出一颗青李子，然后揪住巫婆，扇她的耳光，连推带骂将巫婆逐出门外。从此家里人不再迷信巫术了！

【故事出处】

京师（国都）**多信女巫。有武人陈五者，厌其家崇**（崇尚）**信之笃**（深），**莫能治**（对付）。**一日含青李于腮，绐**（dài，欺骗）**家人疮肿痛甚，不食而卧者竟日**（整一天）。**其妻忧甚，召女巫治之。**

巫降（降神），**谓五**（陈五）**所患疔疮**（疮名），**以**（因为）**其素**（一向）**不敬神，神不与救。家人罗**（围着）**拜恳祈**（求），**然后许之**（答应给陈五治疮）。**五**（陈五）**佯作**（假装）**呻吟甚急，语家人云**（说）：**"必得神师**（指巫婆）**入视救我可也！"巫入视，五乃从容吐青李视之**（给巫婆看），**捽**（zuó，揪住），**批其颊**（扇她耳光）**而斥之门外。自此家人无信崇者。**

（节选自《智囊》）

【点评】

巫婆骗人，陈五骗巫婆，以毒攻毒！

125. 程颢破石佛首现光

【智慧故事】

终南山的和尚庙里有座石佛，传说每年定期它的头上会发光，因此远近男女都来观看，白天黑夜都混杂在一起，和尚收了不少香火钱，可治安很成问题。地方官害怕那是神灵显现，所以不敢贸然禁止。

程颢（hào）刚去那里做地方官，他问和尚："我听说石佛每年都要发光，有这事吗？"和尚说："是的，确有其事。"

程颢告诫道："等到石佛发光那天，事前一定要告诉我。我公事繁忙，无法亲自前往观看，就把它的头拿来让我看一看。"

从此以后，石佛头上再也不发光了——诡计被揭穿了！

【故事出处】

南山（指终南山，在今陕西境内）**僧舍有石佛，岁传其首**（头）**放光，远近男女聚观，昼夜杂处。为政者**（指地方官）**畏**（害怕）**其**（石佛）**神，莫敢禁止。**

程颢始（方）**至，诘**（问）**其僧曰："吾闻石佛岁现**（出现）**光，有诸**（即"之乎"，这事吗）**？"曰："然**（是的）**。"戒**（同"诫"）**曰："俟**（等候）**复**（再）**见**（同"现"，即现光）**，必先白**（告知）**。吾职事**（公事）**繁不能往，当取其首就**（凑近）**观之。"自是**（从此）**不复有光矣。**

（节选自《智囊》）

【点评】

和尚的骗局怎瞒得过有知识的人！

126. 宁波成衣匠

【智慧故事】

裁缝师傅各省都有，然而浙江宁波最多。如今京城内外的裁缝师傅，都是宁波人。从前有人拿了丝织品，请裁缝师傅裁剪。师傅要逐一询问主人的性情、年龄、身材体貌，还要问哪一年考中科举，唯独不问尺寸。那人感到奇怪。裁缝师傅说："年纪轻轻而考中科举的，他性情傲慢，胸膛必定直挺，衣服要制得前长后短；年纪老了而考中科举，他不免心灰意懒，背脊定然是曲的，衣服要制得前短后长。胖的人，腰围大；瘦的人，身材狭窄；性格急躁的人，应穿短衣；性格缓慢的人，适合穿长袍。至于尺寸，那是有固定套数的，何必要问呢？"我认为这裁缝师傅，可以跟他谈谈裁剪的技巧了。

【故事出处】

成衣匠（裁缝师傅）**各省俱**（都）**有，而宁波**（今浙江宁波市）**尤**（尤其）**多。今京城**（清朝京城在北京）**内外，成衣者皆宁波人也。昔**（从前）**有人持匹帛**（bó，丝织品的总称），**命**（叫）**成衣者裁剪。逐**（逐一）**询**（问）**主人之性情、年纪、状貌，并何年得科第**（科举录取），**而独不言尺寸。其人怪之**（对此感到奇怪）。**成衣者曰："少年**（年轻人）**科第者，其性傲，胸必挺，需前长而后短；老年科第者，其心慵**（yōng，心灰意懒），**背必伛**（yǔ，曲背），**需前短而后长。肥者，其腰宽；瘦者，其身仄**（zè，窄）；**性之急**（急躁）**者，宜衣短；性之缓者，宜衣长。至于尺寸，成法**（有固定的套数），**何必问耶**（呢）**？"余**（我，作者钱泳）**谓斯**（这）**匠，可以言成衣矣。**

（节选自《履园丛话》）

【点评】

能人做事都有窍门！

127. 顾况戏白居易

【智慧故事】

白居易开始参加科举考试时，名声还不响。他把写的诗歌给顾况看。顾况跟他开玩笑说："长安物价很贵，'居'住在这里很'不易'。"等读到《原上草》，其中说，"野火烧不尽，春风吹又生"。连忙改口说："有这样的好句子，'居'住在这里有什么'难'呢？我早先说的不过是跟你开玩笑罢了。"

【故事出处】

乐天（白居易，字乐天）**初举**（参加科举考试），**名未振**（响），**以歌诗**（诗歌）**投**（送）**顾况。况**（顾况）**戏之曰："长安**（唐朝都城，今陕西西安市）**物贵，居大不易。"及读至《原上草》云**（说）**："野火烧不尽，春风吹又生。"曰："有句如此，居亦何难？老夫**（我。顾况自称）**前言戏之耳。"**

（节选自《古今诗话》）

【点评】

用"居大不易"作调侃开头，又用"居亦何难"作自嘲结束！

128. 阿丑装疯刺高官

【智慧故事】

明朝宪宗朱见深在位时，太监阿丑幽默诙谐，往往在皇帝面前作戏剧式的表演，用旁敲侧击、指桑骂槐的方法规劝皇上。

当时太监汪直掌权，势力压到宫内外所有的人，连皇帝也几乎不在他眼里。有一次阿丑喝酒后装疯。有个人假装说："某官到！"阿丑醉醺醺地照样骂某官。那人又假装说："皇上到！"阿丑依旧骂皇上。那人接着说："汪太监到！"这下阿丑装作突然惊醒。旁边有人问："皇上驾到你不怕，而怕汪太监，什么道理？"阿丑回答说："我只知道世上有汪太监，不晓得世上有皇帝。"这话传到宪宗耳里，从此汪直渐渐被冷落。

朱永是皇亲国戚，封保国公，掌握六千人的工兵。有一年他私自营造大宅子。阿丑就扮作儒生读诗，乘机高声朗诵："六千兵散楚歌声"——这是说当年项羽带领的六千子弟兵在四面楚歌中大败。旁边一个人说："不对，是八千人。"——项羽起兵时带着八千子弟渡过长江反秦。双方争论不休，阿丑说是六千，另一个说是八千。后来阿丑慢悠悠地说："你不知道吗？还有二千人在保国公家里盖房子哩！"于是宪宗秘密地派人去察看，果真如此。朱永被迫停工。

【故事出处】

宪庙（指明宪宗朱见深）**时，太监阿丑诙谐**（幽默而能说会道），**每于上**（皇上）**前作院本**（剧本。此指表现）。

时汪直（太监）**用事**（掌权），**势倾**（压倒）**中外**（宫中宫外）。**丑**（阿丑）**作**（装出）**醉人酗酒，一人佯**（伪装）**曰："某官至！"酗**（此指发酒疯）**骂如故**（跟平常一样)。**又曰:"驾至**(皇上到)**!"酗亦如故。曰:"汪太监来矣!"醉者**(喝醉的人。此指阿丑)**惊迫**(极惊慌)。**傍一人曰:"天子驾至不惧,而惧汪直,何也?"曰:"吾知有汪太监,不知有天子也。"自是**(从此),**直**(汪直)**宠渐衰。**

保国公(朱永被封保国公)**朱永掌十二营**(明朝军制,每营五百人)**役兵**(工兵),**治**(建造)**私第**(住宅)。**丑作**(伪装)**儒生诵诗,因**(乘机)**高吟曰:"六千兵散楚歌声。"一人曰:"八千兵散。"争之不已**(停)。**徐**(慢悠悠地)**曰:"尔**(你)**不知耶**(吗)**?二千在保国公家盖房。"于是宪庙密**(秘密地)**遣**(派)**太监察之,保国即散**(遣散)**工**(工匠)。

(节选自《琅琊漫抄》)

【点评】

装疯卖傻,胡言乱语,却句句有理。这只有阿丑想得出!

129. 西门豹禁为河伯娶妇

【智慧故事】

魏文侯执政时，西门豹任邺县县令。西门豹到了邺县，招集年老的长者，问他们百姓感到痛苦的是什么事情。

那些年长的人说："苦于为河伯（黄河之神）娶媳妇，因此当地贫困。"西门豹问其中原因。老人们说："邺县的三老、廷掾每年向百姓搜括钱财，说是要为河伯娶媳妇。共收钱财数百万，其中二三十万用在为河伯娶媳妇，其余的与巫婆、神祝一起分掉了。每年到时候，巫婆到处寻找贫苦家庭中美貌的姑娘，说这个姑娘正好做河伯的媳妇，接着就要聘娶。给那姑娘洗头沐浴，穿上丝绸的衣服，单独居住，并行斋戒仪式。另外，在黄河边上搭起小屋，披上大红色的帐幕，让姑娘住在里面。还给她准备了牛肉、酒及饭食，过上十多天，然后给姑娘的住所装饰一番，有床有席，仿佛嫁女一般。几天后，把小屋漂浮在河上。开始时还是浮动的，漂了数十里便沉没河中。"

那些有美貌姑娘的人家，担心被巫婆、神祝看上，因此大多带着女儿远逃他乡，于是城里更加空旷无人，极为贫困。这种风俗由来已久。百姓纷纷传说：如果不给河伯娶媳妇，洪水就会淹没村庄和百姓。

西门豹说："等到为河伯娶妇那天，希望三老、巫祝、父老一同去河边送姑娘出嫁，还希望来告诉我，我也要去送行。"老人们说："好的。"

到河伯娶妇的那天，西门豹去河边跟他们见面。三老、官吏、长老及村中父老都聚集在一起，前去观看的百姓有二三千人，真是人头济济。

那巫婆，是个年已七十的老太，跟随在后面的女弟子约十来个人，都穿着丝绸的单衣。西门豹说："叫河伯的媳妇出来，我要看看她是美女还是丑女。"于是把那个姑娘从帐幕里带到西门豹跟前。西门豹朝她瞥了一眼，回头对三老、巫祝、父老说："这姑娘不漂亮，麻烦大巫婆替我到河里报告河伯，要换一个漂亮的姑娘，隔天送去。”于是叫手下官吏及差役一起抱起老巫婆投向河中。过了一会儿，西门豹说：“老巫婆怎么去了那么长时间不回来？叫她的女徒弟去催促一下！”于是又把一个女徒弟抛向河中。过了一会儿，西门豹说：“女徒弟怎么那么长时间不回来？再让一个女徒弟去催促！”接着又将一个女徒弟扔进河里。一共扔了三个女徒弟。西门豹说：“老巫婆、女徒弟都是女的，没法把事说清楚，麻烦三老走一趟去报告河伯。”于是把三老扔进河里。

西门豹弯着腰恭恭敬敬地站在河边等了很久。长老、官吏在一旁极为惊恐，唯恐轮到自己。西门豹回过头来说：“巫婆、三老不回来，怎么办？”他又想让廷掾、长老去催促。他们都叩头求饶，头叩得血流满面，脸色像死灰般的。西门豹说：“算了，姑且等一会再说。”过了一会儿，西门豹说：“大家站起来吧，看样子河伯要留客很久了，你们结束后都回去！”邺地的官吏百姓大为惊慌恐惧，从此以后，再也没有人敢提为河伯娶媳妇了。

【故事出处】

魏文侯（魏国国君）**时，西门豹**（复姓西门，名豹）**为邺**（在今河北临漳县西南）**令**（县令）。**豹往到邺，会**（招集）**长老**（年长而德高望重的人），**问之民所疾苦**（百姓所感到痛苦的事）。**长老曰：“苦为河伯**（黄河之神）**娶妇，以故贫。”豹问其故**（原因）。**对**（回答）**曰：“邺三老**（掌管教育的乡官）**廷掾**（职官名称，县令的属官。掾，yuàn）**尝**（曾）**岁赋敛百姓**（每年向百姓征收钱财），**收取其钱得数百万，用其二三十万为河伯娶妇，与祝巫**（巫婆与神祝，即装神弄鬼的）**共分其余钱持**（拿着）**归。当其时，巫行视**（巡视）**小家女好**（美好）**者，云**（说）**是**（这）**当**（该）**为**（是）**河伯妇，即聘**（订婚）**娶。洗沐**（洗头沐浴）**之，为治**（备办）**新缯绮縠衣**（泛指丝绢绸衣。縠，hú），**闲居**（独住）**斋戒**（指独宿、沐浴、更衣等礼仪），**为治**（建）**斋宫**（斋戒的房子）**河上**（黄河边上），**张缇绛帷**（挂着大红绢绸的帐幔），**女居其中。为具**（准备了）**牛酒饮食，行**（过了）**十余日。共粉饰之**（装点嫁女场面），**如嫁女床席，令**（让）**女居其上，浮**（漂浮）**之河中。始浮，行数十里乃没**（沉没）。**其**（那些）**人家有好女者，恐大巫祝为河伯娶之，以故多持**（带着）女远逃亡，以故（因为这原因）城中益（更加）空无人，又困贫。所从来久远矣（这风俗由来已久）。民人（百姓）俗语曰：'即（如果）不为河伯娶妇，水来漂没，溺（淹死）其人民云（如此等等）。'"

西门豹曰："至（到）为河伯娶妇时，愿三老、巫祝、父老送女河上，幸（希望）来告语之，吾亦（也）往送女。"皆曰："诺（好的）。"

至其时（到了那一天），西门豹往会（集合）之河上。三老、官属、豪长者（即"长老"）、里（同村）父老皆会，以（凭）人民（百姓身份）往观之者三二千人。

其巫，老女子也，已年七十，从（跟随）弟子女（女弟子）十人所（左右），皆缯单衣（穿着绢绸制作的单衣。缯，zēng），立大巫后。西门豹曰："呼河伯妇来，视其好丑（美丑）。"即将（带着）女出帷（帐幕）中，来至前。豹视之，顾谓（回过头说）三老、巫祝、父老曰："是（这）女子不好，烦大巫妪（yù，老妇人）为入报河伯，得更（改）求好女，后日送之。"即（就）使吏卒（差役）共抱大巫妪投之河中。有顷（一会儿），曰："巫妪何久也？弟子趣（催促）之！"复以弟子一人投河中。有顷，曰："弟子何久也？复使一人趣之！"复投一弟子河中。凡（共）投三弟子。

西门豹曰："巫妪、弟子是女子也，不能白事（把事情说清楚）。烦三老为入（入河）白之。"复投三老河中。西门豹簪笔磬折（冠上插着笔，腰弯着，形容严肃恭敬的样子）向河立待良久（很久）。长老、吏旁观者皆惊恐。西门豹顾（回过头）曰："巫妪、三老不来还（回来），奈之何（怎么办）？"欲复使廷掾与豪长者一人入趣之。皆叩头。叩头且（将）破，额血流地，色（脸色）如死灰。西门豹曰："诺（好的），且（姑且）留待之须臾（一会儿）！"须臾，豹曰："廷掾起矣！状（看样子）河伯留客之久，若（你们）皆罢去（结束离去）归矣！"邺吏民大惊恐，从是（这）以后，不敢复言为河伯娶妇。

（节选自《史记》）

【点评】

将计就计，恶势力顿时崩溃！

四、文艺精英

130. "一字师"郑谷

【智慧故事】

唐朝诗人郑谷居住在袁州。有个和尚叫齐己，也喜欢写诗，于是携带了自己所写的诗去拜访郑谷。齐己拿出一首《早梅》诗请教对方，诗的头两句是：前村深雪里，昨夜数枝开。

郑谷读后笑着对齐己说："'数枝'梅花开放，已不能算'早'了，还不如把它改为'一枝'来得好。"

齐己听了大为惊讶，不禁提起僧人穿的大衣、上衣和内衣叩头膜拜。从此读书人中把郑谷视为齐己的"一字师"。

【故事出处】

郑谷在袁州(今江西境内)，**齐己因携所为**(作)**诗往谒**(拜访)**焉**(指代郑谷)。**有《早梅》诗曰：前村深雪里，昨夜数枝开。谷**(郑谷)**笑谓曰："'数枝'非'早'也，不若'一枝'则佳**(好)。"**齐己矍然**(惊讶的样子。矍，jué)，**不觉兼**(提起)**三衣**(和尚穿的大衣、上衣、内衣合称"三衣")**叩地膜拜**(趴在地上虔诚地叩头)。**自是**(从此)**士林**(读书人中)**以谷为齐己"一字之师"**。

(节选自《五代史补》)

【点评】

改一字而成师，比"一字千金"更贵重！

131. 林之栋画兰

【智慧故事】

林之栋擅长画兰花，而且喜欢游历，只要听说哪里有兰花，一定会千方百计找到它。

一次，有个樵夫对他说，某个大山沟里，经常闻到很浓的兰花香味，可惜那儿茅草挡路，荆棘丛生，虎豹出没，很难到达。

林之栋听了很动心，便招募了几个年轻力壮的人，拿着大刀、弓箭及火攻的器具，带着干粮，一路上敲着锣进入深山狭谷，仿佛对付强敌似的。

最后果然发现了奇特的兰花，它的叶子长约一丈，花开得有手掌那么大，世上罕见。从此以后，林之栋所画的兰花更加奇特而有变化。

【故事出处】

林之栋善画兰，闻兰所在，则必大寻之。樵夫（砍柴的男子）**或**（有人）**告：某山大壑**（山沟）**中，常闻兰花气特多，茅棘**（荆棘）**虎豹，不可行。林乃募壮士执刀、矢**（弓箭）**、火攻**（火具）**，具**（准备了）**裹粮**（干粮）**，鸣金**（指锣。为吓退虎豹）**入深谷中，若当**（对付）**劲敌**（强敌）。**至**（到了那里）**则兰叶长丈许**（左右），**花大如掌。自是**（从此），**所画兰益**（更加）**奇变。**

（节选自《荒鹿偶谈》）

【点评】

生活是艺术的土壤！

132. 黄宗羲论“诗中有人”

【智慧故事】

清朝著名学者黄宗羲评论诗歌时，一贯把“诗中有人”作为原则。

有人拿着诗稿请他认可，他初读一遍说：“像杜甫的诗。”再读一遍连声说：“像杜甫诗，像杜甫诗。”那人喜形于色。

然而黄宗羲却慢悠悠地告诉他：“诗有点像杜甫了，只是不知道你的诗味在哪儿？这难道不是诗中没你自己的思想吗？”

那人一下子显出失望的样子，回去后虚心刻苦练习了两年，又拿着诗稿去给黄宗羲看。黄宗羲读后点头认可，说：“这才是你的诗了！”

【故事出处】

黄徵君(即黄宗羲)**之称**(评论)**诗也，一**(一贯)**以“诗中有人”为训**(原则)。**有执卷**(拿着诗稿)**仰可**(盼望认可)**者，徵君初阅之曰：“杜诗。”再阅之连声曰：“杜诗，杜诗。”其人欣**(喜)**形于色**(脸上表情)。**徵君乃徐**(慢悠悠地)**诏**(告诉)**之曰：“诗则杜矣，但**(只是)**不知子**(你)**之诗安在**(在哪里)？**岂非诗中无人**(没作者的思想)**耶**(吗)？”**其人爽然**(失望的样子)**自失，退**(回去后)**而逊心**(虚心)**苦志**(刻苦自励)**以求之者两载**(年)，**复以**(即“以之”)**仰可，则徵君首肯**(点头称赞)**曰：“是**(这)**则子**(你)**之诗矣！”**

(节选自《不下带编》)

【点评】

“诗中有人”，道出了写诗真谛！

133. 姚鼐从善如流

【智慧故事】

姚鼐是清朝古文大师"桐城派"的领袖。当时浙中地区盛行填词，姚鼐年轻时也跟风学习填词，而且小有成就。

有一天，王鸣盛对戴震说："我过去很怕姚鼐，他的词填得好，现在不再怕了。"戴震问："为什么？"王鸣盛说："他喜欢具有多种才能，看到某人有擅长，就想自己也能兼而有之。求学问如果用力专一就会精通，要是杂乱地学习就会粗浅，所以不必害怕了，因为他不可能每样都突出。"

戴震把王鸣盛的话告诉了姚鼐，姚鼐听后大为震惊，从此以后不再填词，而且放弃了其他爱好，潜心研习古文，终于成了一代大师。

【故事出处】

词学（指填词）**以浙中**（指浙江一带）**为盛**（流行），**余**（我，姚鼐自称）**少时**（年轻时）**尝**（曾）**效**（模仿）**焉。一日，嘉定**（今上海市嘉定区）**王凤喈**（王鸣盛字凤喈）**语休宁**（今安徽休宁县）**戴东原**（戴震字东原）**曰："吾昔**（从前）**畏姬传**（姚鼐字姬传），**今不畏之矣。"东原曰："何耶**（呢）**？"凤喈曰："彼**（他，指姚鼐）**好多能，见人一长**（擅长）**辄**（zhé，就）**思并之**（兼有它）。**夫**（发语词，无义）**专力**（专心用力）**则精，杂学则粗**（粗浅），**故不足**（值得）**畏也！"东原以**（即"以之"，把王鸣盛的话）**见告**（告诉我。见，我）。**余**（我）**悚**（震惊）**其言，多所舍弃，词**（填词）**其**（其中）**一也。**

（节选自《惜抱轩集》）

【点评】

从善如流，终成古文大师！

134. 王勃拟腹稿

【智慧故事】

唐朝的王勃，六岁就能写文章。每当他想要写文章时，先叫人把墨磨好，接着连喝几杯酒，然后用被子盖住脸面而睡觉。

一觉醒来，提起笔就写，顷刻之间完成，无需修改。

当时的人认为他这样的举动是在拟“腹稿”。

【故事出处】

王勃凡欲作文，先令(即“令人”，叫别人)**磨墨数升**(旧时量器)，**饮酒数杯，以被覆**(盖)**面而寝**(睡)。**既寤**(醒后)，**援**(提)**笔而成，文不加点**(修改)，**时人谓为腹稿也**。

(节选自《唐语林》)

【点评】

奇特的构思方法！

135. 马锦饰演严嵩

【智慧故事】

金陵的戏剧演员马锦，祖先是西域人。

马锦所在的戏班曾经跟另一个戏班较量演技，一同演《鸣凤记》。西边的戏班由姓李的饰演明朝奸相严嵩，演技十分高明，没人能比得上。马锦自认为不如，最终抽身隐去。

马锦隐去三年后又回到戏班里，他对戏班里的同事说："如今若能再演《鸣凤记》，我愿献一技之长。"

不久，双方再演《鸣凤记》，马锦化妆打扮成严嵩与对方较量。演出结束，姓李的大为惊讶，没想到马锦会演得那么逼真，当天夜里就去拜访马锦，问他向哪个老师学习的。马锦说："我哪里拜什么师？我听说当今宰相顾秉谦，酷似严嵩，所以到了京城，请求做他的守门差役，三年里每天观察他的言行举止，时间长了就掌握了他的特点。这就是我的老师。"

姓李的说："妙极了！"

【故事出处】

金陵（今江苏南京市）**伶人**（戏剧演员）**马锦，其先**（祖先）**西域**（今新疆和中亚地区)人。尝(曾)两坊(此指剧团)角技(争斗演技),演《鸣凤记》传奇(文学体裁名称),而西部(戏班)李氏为(饰演)严阁老(指严嵩)独绝(极妙)。马锦自以为不如,竟(终于)遁(隐去)。

遁三年,还故部,告诸(众)客部(戏班中同事)曰:"今若奏(演)《鸣凤》,愿效(献)其长(技)。"于是貌(打扮成)严相(指严嵩)以角(较量)。奏毕,李氏大惊服,夜问所自(从哪里学来的)。锦(马锦)曰:"我安(哪里)所自哉!闻今相国(宰相)顾秉谦犹(如)严相也,走京师(京城),求为其门卒(看门的差役)三年。日于朝房(百官上朝前休息的地方)察其举止(动作),听其语,久能得之,此吾之所师也。"

李氏曰:"善。"

(节选自《北游录》)

【点评】

实践出真知!

136. 万绿枝头一点红

【智慧故事】

宋徽宗用“万绿枝头一点红，动人春色不须多”的诗句请画工们作画。

很多画工都在妆点花卉上下工夫，唯有一个画工在绿色杨柳的掩映中，在烟雾缥缈的楼屋上，画了一个倚着栏杆而立的女子。

画工们对此心悦诚服。

据说宋徽宗还以“深山藏古寺”为题，让画工们作画。平庸的画工有的画了远处山上隐约可见的寺庙，有的画了山上寺庙的一角。只有一个画工画了一个佛教信徒，挎着“朝山进香”的佛袋向深山里走。这出人意外的立意也获得皇上与画师们的一致好评！

【故事出处】

徽庙（即宋徽宗。“庙”指太庙）**试**（请）**画工以“万绿枝头一点红，动人春色不须多”为意**（题意）。**众皆妆点花卉，惟**（只有）**一工于屋楼缥缈**（隐隐约约）、**绿杨隐映**（彼此遮蔽，互为衬托）**中，画一妇人凭**（靠着）**栏**（栏杆）**立。众工遂服**（佩服）。

（节选自《吹剑续录》）

【点评】

构思独特，自出心裁！

137. 柳开千轴，不如张景一书

【智慧故事】

北宋的柳开，年轻时任性气盛，往往说大话欺侮别人。他参加科举考试时，把文章递给主考官，共一千卷，用独轮车载着。面试那天，他穿着圆领大袖的外套，亲自推着车进入试场，想以此吓唬众人获得好名声。

当时有个叫张景的书生，文章写得好有点名气，他仅仅在袖口里装了一篇文章献给主考官。主考官阅后大为赞赏，选拔张景为优等。

当时的人因此说："柳开千轴，不如张景一书。"

【故事出处】

柳开少（年轻时）**好任气**（任性使气），**大言**（说大话）**凌物**（欺侮人）。**应举**（参加科举考试）**时，以文章投主司**（主考官）**于帘**（指主考官办公处）**前，凡**（共）**千轴**（古人将文章写在横幅上，然后裱成卷轴），**载以独轮车**。**引试**（面试）**日，衣**（穿着）**襕**（lán，古代读书人穿的圆领大袖外套）**自拥**（推着）**车入，欲以此骇**（吓唬）**众取名**。

时张景能文有名，唯（只）**袖**（袖子管里藏着）**一书**（一卷文字）**帘前献之**。**主司大称赏，擢**（选拔）**景**（指张景）**优等**。**时人为之语曰："柳开千轴，不如张景一书。"**

（节选自《梦溪笔谈》）

【点评】

聪明人重质，蠢人重量！

138. 李贺作诗呕心沥血

【智慧故事】

李贺是唐朝著名诗人。他的诗新奇瑰丽，具有浓厚的浪漫主义色彩。

每当日出，他骑着小马，带上童仆，背着绵缎织成的袋子，一路出游。看人物活动，观察四时景色，遇到有心得体会，便写成诗句，投入布袋中。他从不先确定题目然后写作，像别人那样牵强符合固定的格式。等到傍晚回去后，再补充完成。除了喝醉了酒及吊丧的日子，大都如此生活。

晚上母亲让女仆把布袋中的诗句拿出来，看到写了很多，就心痛地说："这孩子要吐出心才会停止！"

【故事出处】

每旦（天亮）**日出，骑弱**（小）**马，从小奚奴**（让小童仆跟着），**背古绵囊**（古式的绵缎制作的袋子），**遇所得，书**（写）**投囊中。未始先立题**（确定题目）**然后为诗，如他人牵合**（牵强符合）**程课**（固定的格式）**者。及暮归，足**（补充）**成之。非大醉、吊丧**（慰问有丧事的人家）**日**（每天）**率**（都）**如此。母使婢**（侍女）**探**（伸进）**囊中，见所书多，即怒曰："是儿**（这孩子）**要呕**（ǒu，吐）**心乃已**（才停）**耳！"**

（节选自《新唐书》）

【点评】

好的诗文是呕心沥血得来的！

139. 李泰伯改字

【智慧故事】

北宋大政治家范仲淹在浙江桐庐做官时，因敬仰严子陵，特地给他建造了一座祠堂。严子陵是东汉初年人，跟刘秀是同学。刘秀做了皇帝后，召他到京城去做谏议大夫，他不肯，隐居在富春山。相传他经常在富春江边上钓鱼，因此祠堂就造在钓鱼台旁。

范仲淹为严子陵祠堂写了一篇铭文，末了有一首赞颂严子陵的诗："云山苍苍，江水泱泱，先生之德，山高水长。"文章写成后，范仲淹把它给友人李泰伯看。李泰伯读后，再三叹服，然而觉得意犹未尽，站起来说："先生的文章一旦传出去，必定名闻天下，我冒昧想改动一个字，使它白璧无瑕。"

范仲淹肃然起敬，拱手相问。李泰伯说："'云山'、'江水'等词，从内容上说，很宏伟，从用词义上说，极有气派，而下面用一个'德'字接着它，似乎显得局促，换个'风'字怎么样？"

范仲淹聚精会神地听着，频频点头，他把诗再低低吟诵一遍："云山苍苍，江水泱泱，先生之风，山高水长。"果然味道大不相同，"风"有"风传千里"、

“风流千古”的意味，因此更能反映后人对严子陵崇敬的意思。范仲淹极其佩服李泰伯，几乎要跪下来拜谢。

【故事出处】

范文正（范仲淹谥文正）**公**（对人的尊称）**守**（做郡太守）**桐庐**（今浙江桐庐县），**始于钓台建严先生**（指严子陵）**祠堂，自为记……其歌词云：“云山苍苍，江水泱泱**（水深广的样子），**先生之德，山高水长。”既成，以示**（即“以之示”，把它给……人看）**李泰伯。泰伯读之三叹，味不已，起而言曰：“公**（你，指范仲淹）**之文一出**（传出），**必将名世，某**（我）**妄意辄**（zhé，就）**易**（改）**一字，以成盛美。”公瞿然**（惊讶的样子。瞿，jù），**握手**（拱手）**扣**（问）**之。答曰：“云山江水之语，于义甚大，于词甚溥**（pǔ，大），**而‘德’字承之，乃似局促**（狭隘），**换作‘风’字如何？”公凝坐**（聚精会神地坐听）**颔首**（点头。颔，hàn），**殆**（dài，几乎）**欲下拜。**

（节选自《容斋五笔》）

【点评】

改一个“风”字，犹如注入了灵魂！

140. 赵匡胤急中吟佳句

【智慧故事】

北宋的大军包围了南唐国都金陵，南唐派徐铉去北宋京城汴都。

徐铉夸耀自己有才能，想用言语替南唐解围。他认为宋太祖赵匡胤缺乏文化修养，极其称赞自己的国君李煜博学且多才多艺，有圣人的才能。

赵匡胤让他背诵李煜的诗。徐铉当即背诵了一首《秋月》，说这诗极妙，天下人都在传诵。

赵匡胤大笑道："这是穷书生的诗句，我是不会这么说的。"

徐铉内心不服，认为赵匡胤在吹牛，并无实际作诗才能，可以让他处于尴尬的境地，就请赵匡胤当场作诗。

宫殿上的侍从个个惊慌担心，面面相觑，因为他们知道赵匡胤是武人，不会作诗。稍停片刻，赵匡胤说："我地位低微时，从秦地回家，经过华山脚下，喝醉了酒卧在田间，醒来后月亮从东方升起，突然哼了两句诗：'未离海底千山黑，才到中天万国明。'"

徐铉听了大为惊讶，没想到赵匡胤竟有这样的好句——这表明赵匡胤年轻时就有统治天下的雄心。

宫殿上的人高呼万岁。

【故事出处】

王师（指宋朝的军队）围金陵（今江苏南京市。南唐国都），唐（指南唐王朝）使徐铉来朝。铉伐（夸耀）其才，欲以口舌解围。谓太祖（指宋太祖赵匡胤）不文，盛赞其主（指南唐国君李煜）博学多艺，有圣人之能。使诵其诗，曰《秋月》之篇天下传诵之，其句云云（如此这般）。

太祖大笑曰："寒士（穷书生）语尔（罢了），我不道也。"铉内不服，谓大言无实，可穷（使……窘困）也，遂以请。殿人惊惧相目。

太祖曰："吾微（地位低微）时，自秦（古秦地，今陕西一带）中归，道（经过）华山下，醉卧田间，觉而月出，有句云：'未离海底千山黑，才到中天万国（各地）明。'"

铉大惊，殿上称寿（高呼万岁）。

（节选自《后山诗话》）

【点评】

言为心声，有大志者才有大气魄的诗句！

141. 文章浮艳不成才

【智慧故事】

唐太宗贞观二十年，王师旦任考功员外郎，主管科举考试。

冀州进士张昌龄、王公瑾都有文采，名满京城。王师旦在他们的试卷上都判了“下等”，整个朝廷中的大臣都不知是什么原因。

等到王师旦把考试的等第禀报皇上，唐太宗一看名单上没有张昌龄与王公瑾，感到奇怪。

王师旦回答说：“这些人的文章确实有华丽的词藻，然而内容轻薄，文章表面华丽，必定成不了大器。我如果选拔了他们，担心年轻人会模仿，从而改变了皇上一向提倡的淳朴的风气。”

唐太宗十分赞成王师旦的见解。

后来张昌龄做了长安地区的尉官，最终因犯贪污罪而解职。王公瑾也一生毫无成就。

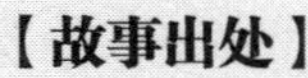

【故事出处】

贞观（唐太宗的年号）**二十年，王师旦为考功员外郎**（职官名称，主管科举考试）。**冀州**（今河北冀州市）**进士**（科举中获得的身份）**张昌龄、王公瑾并**（都）

有文辞（指文章写得好），声振（同“震”）京邑（京城）。师旦考（考核）其策（对策。科举中一种规定的文体）为下等，举（整个）朝不知所以（原因）。及（等到）奏（禀报）等第，太宗怪（感到奇怪）问无昌龄等名。

师旦对（回答）曰：“此辈（这般人）诚（确实）有华词（华丽的词藻），然其体（内容）轻薄，文章浮艳（表面华丽），必不成令器（指好人才）。臣（我）擢（选拔）之，恐后生（年轻人）仿效，有变（使……改变）陛下（皇上）风俗。”上（指唐太宗）深（很）然之（认为他说得对）。

后昌龄为长安尉（尉官），坐赃解（犯贪污罪解职），而公瑾亦（也）无所成。

（节选自《唐语林》）

【点评】

文如其人。王师旦判得有理！

142. 袁宏作文倚马可待

【智慧故事】

东晋的桓温率兵北伐，当时袁宏也在军中。后来袁宏因故被免官。

有一天，桓温在行军途中要写紧急文书，他便唤来袁宏，让他倚着战马写作。袁宏手不停笔，一口气写了七张纸，文书写得极可观。那时王珣（xún）在一旁，十分赞叹他的才能。袁宏说："这只不过得到别人的几句称赞罢了。"意为官运不亨，有才无处使。

【故事出处】

桓温北征，袁虎（袁宏小名虎）**时从**（跟随），**被责免官。会须**（适逢要）**露布文**（写紧急文书），**唤袁**（袁宏）**倚马前令作。手不辍**（chuò，停）**笔，俄**（一会儿）**得七纸，殊**（很）**可观。时东亭**（指王珣。他被封为东亭侯）**在侧，极叹其才。袁虎云："徒**（仅）**齿舌**（语言文字）**间得利耳。"**

（节选自《世说新语》）

【点评】

成语"倚马可待"即形容写诗文敏捷！

143. 胡旦为屠夫饰辞

【智慧故事】

宋朝的胡旦，擅长诗文，词句华丽，在当时很被推崇。晚年患有眼疾，谢客闲居。一天，国史实录院共同商议要为一个贵族作传记。那人年轻时地位低贱，曾经宰猪谋生。历史官认为如果避讳这史实就不是真实的记录，但要直接写上去又很难措辞，怕损害了他的形象，于是一同去见胡旦。胡旦说："为什么不写：某人年轻时曾操刀宰杀，显示有主管天下的志向。"——其实这是西汉陈平的故事。陈平为汉初名臣，曾任丞相。他年轻时贫贱，曾为乡亲们分割祭神的肉，分得很公平，受到称赞。陈平感叹地说："唉，要是让我主宰天下也像这分肉一样多好啊！"

当时人对胡旦的措辞没有不感叹佩服的！

【故事出处】

胡旦，文辞敏（敏捷）**丽**（华丽），**见推一时**（被当时人推崇。见，被）。**晚年病目**（眼睛有病），**闭门闲居。一日，史馆**（即国史实录院）**共议作一贵侯**（高贵的诸侯）**传。其人少**（年轻时）**贱**（地位低贱），**尝**（曾）**屠**（宰杀）**豕**（shǐ，猪），**史官以为讳**（隐讳）**即非实录**（不是按事实记录），**书之**（照实情写下来）**又难为辞**（难以恰当表达），**相与**（一同）**见旦。旦曰："何不曰：'某少**（年轻时）**尝**（曾）**操刀以割**（割肉。指像西汉陈平一般割肉），**示**（显示）**有宰**（主宰）**天下之志！'"莫**（没有）**不叹服。**

（节选自《渑水燕谈录》）

【点评】

为尊者讳，只有他能如此措辞！

144. 韩愈与贾岛议“推敲”

【智慧故事】

唐朝诗人贾岛早年参加科举考试时，住在京城长安。一天，他骑在驴背上突然想到两句诗：“鸟宿池边树，僧敲月下门。”他又想把“敲”改为“推”，反复思考而未确定，在驴上吟哦，而且伸出手做推与敲的姿势。旁观的人对此感到惊讶。

当时韩愈做代理京城地方长官，他的车队正出行，贾岛不知不觉中撞上了仪仗队的第三节，还在不停做推敲的姿势。故意冲撞官员仪仗，这还了得！贾岛被韩愈的侍从推到了韩愈跟前。

韩愈问他干什么？贾岛把实情一一地告诉对方，并说“推”与“敲”未决定，精神游离于物象之外，忘了回避。

韩愈是个诗文大家，对此很感兴趣，不仅没责备，反而停下马车想了很久，然后对贾岛说：“‘敲’字好！”

随后他邀请贾岛一同回官府，两人共谈作诗的方法。贾岛在府中逗留了好几天，韩愈因此跟他成了好朋友。

【故事出处】

贾岛初（早年）**赴举**（前往参加科举考试），**在京师**（京城。指长安）。**一日于驴上得句**（想到了诗句）**云：“鸟宿池边树，僧敲月下门。”又欲“推”字，炼**（此指反复思考）**未定，于驴上吟哦**（哼诵），**引**（伸出）**手作推敲之势**。**观者讶之**（对他的举动感到惊讶）。

时韩退之（韩愈字退之）**权**（代理）**京兆尹**（京城地方长官），**车骑方**（正）**出，岛**（贾岛）**不觉行至第三节**（指仪仗队的第三节），**尚为**（还在做）**手势未已**

（停）。俄（一会儿）为（被）左右（指韩愈的侍从）拥（推）至尹前。岛具（一一地）对（回答）所得诗句，“推”字与“敲”字未定，神游象外（精神游离物象之外），不知回避。退之立马久之，谓岛曰：“‘敲’字佳（好）。”

遂并（一同）辔（pèi，马缰绳。此指马）而归，共论诗道（理），留连（逗留）累日（好几天），因与岛为（成）布衣之交（平民之交）。

（节选自《诗话总龟》）

【点评】

“敲”不仅有形，且有声，给人以联想，当然“敲”字好！

145. 魏约庵指头作画

【智慧故事】

清人魏约庵(ān)擅长用指头作画。陈东桥在他的指头画《渔翁》上题词说:“本朝高侍郎(高其佩)也擅长指头画,人物花鸟,随意用指头作画便成,都有奇特的趣味。奇奇怪怪,有笔墨所不能达到的效果。然而苍苍莽莽一览无余,细腻不够,比不上这《渔翁》。《渔翁》中的渔父,胡须眉毛隐隐约约,有隐士的风范,而且岸边柳枝垂下阴影,湖面上兴起微微的波浪,钓竿、鱼具、斗笠及蓑衣,样样画得精巧。如果让平庸的画家来作这幅画,即使用老鼠胡须制作的细笔,也未必能画得这般生动。”

于是我十分感叹,天地间人人都有指头,他们的指头竟这样奇特巧妙,可我十个指头像铁杆,连用笔作画也不能,怎么办? 民间传说:“有个人遇到了道教祖师吕洞宾,吕能点石成金。吕问对方:你想要金子吗? 那人说:我不要金子,只想要师傅的一个指头。”我也不想要魏约庵的画,只希望得到约庵的一个指头。

【故事出处】

近(指清朝)**约庵**(魏容字约庵)**善**(擅长)**此法**(指指头画)。**东桥**(陈东桥)**有题**(题词)**指墨**(指头画)**《渔翁》云**(说):**“本朝**(清朝)**高侍郎**(即高其佩。“侍郎”是职官名称)**专长指头画,人物花鸟,信手**(随手)**而成,皆有奇**(奇特)**趣。奇奇怪怪,有笔墨所不能到**(达到)**者。然苍莽无余,细润**(细腻)**不足,未若**(比不上)**此《渔翁》,须**(胡须)**眉隐约,有江湖散人**(指隐士)**趣,而浓柳垂阴,微波生**(起)**浪,钓竿鱼具,箬笠**(用竹编制的斗笠。箬,ruò)**棕蓑**(用棕制成的蓑衣),**色色**(样样)**精巧。使俗手**(指平庸的画家)**为之,恐鼠须细笔**(用老鼠胡须制作的笔画出的作品)，未必若此生动也。”

因(于是)叹天地一指(指头)，生出如此奇巧，而我(作者诸联自称)十指如铁，且(尚且)不能握管(笔)作画，奈何(怎么办)？俗传(民间传说)：“一人遇吕师(指吕洞宾)，指石成金。师问：汝(你)欲金否？其人曰：不要师金，只要师一指。”我亦不愿得约庵画，只愿得约庵一指。

(节选自《明齐小识》)

【点评】

只要有才智，创新的天地就无限宽广！

146. 蒲松龄道听途说写《聊斋》

【智慧故事】

蒲松龄的《聊斋志异》，语言及篇章十分精炼。

他写这本书前，每天一早携带一个大的陶罐，里面贮藏着浓茶，还准备了一包香烟，放在行人往来的大路旁，地上铺着芦垫，坐在上面，烟与茶放在身边。看到有人从路上走过，必定要拉住对方谈话，各种奇奇怪怪的事，只要对方知道，全部说出来。对方嘴干了就递上茶水，或者奉上一支烟，一定要让人掏尽肚里的故事。

偶尔听到一个有价值的故事，回去后就加工润色。如此二十多年，才完成了《聊斋志异》。

【故事出处】

蒲留仙（蒲松龄字留仙）**先生《聊斋志异》，用笔**（文字及篇章）**精简。作此书时，每临晨携一大磁罂**（陶罐。罂，yīng），**中贮苦茗**（浓茶），**具**（备）**淡巴菰**（香烟的译音。菰，gū）**一包，置**（安放）**行人大道旁，下陈**（铺）**芦衬**（芦垫），**坐于上，烟茗置身畔**（伴）。**见行道者过，必强**（硬要）**执**（拉着）**与语，搜奇说异，随人所知。渴则饮以茗，或奉**（恭敬地递上）**以烟，必令畅谈乃**（才）**已**（停止）。**偶闻一事，归而粉饰**（加工）**之。如是二十余寒暑，此书方**（才）**告蒇**（chǎn，成）。

（节选自《三借庐笔记》）

【点评】

聪明的作家会广泛搜集材料，而不是闭门造车！

147. 盲人谈三多绝艺

【智慧故事】

谈三是广东开平县人，瞎子，家中贫困，但身怀绝技。

每天傍晚时分，他肩上背着一只大布袋，里面装着笙、箫、琴、笛、锣、鼓、唢呐、钟等，样样齐备。另一只肩上背着一副木架。只要听到唢呐一响，大家都知道是谈三来了。

如果请他献艺，就唤他到家里。谈三把席子铺在地上，木架上挂起大锣，把大钹小钹、锣鼓等乐器分列摆在地中央，自己坐在席子上，先吹吹打打一番，嘴吹唢呐，肘敲大锣，右脚撞钹，同时敲锣，左脚敲摇竹板。在门外听的人，不知道室内有多少人在表演。吹打结束，接着表演戏曲，口里唱着各种曲调，手弹琵琶，脚敲鼓，打竹板，像模像样，中规中矩，老生、小生、花旦、花脸、丑角等声音全有。遇到武戏，那么大锣大鼓同时响起，仿佛杀退敌兵，凯旋回朝。

一个乞讨的盲人，全身上下，没有不派上用处的。而且各种表现都很别致，没有雷同的缺点。即使一人用十只眼睛看，用十只手指点，也不能全部看清、全部指明，真是妙极了。

【故事出处】

谈三，开平（今广东开平市）**人，瞽目**（眼瞎。瞽，gǔ），**家贫，竟有绝技**（极高的技艺）。**傍晚，一肩负**（背着）**大布袋，装笙**（一种乐器）、**箫、琴、笛、锣、鼓、锹**（唢呐）、**钹**（bó），**无不齐备。一肩负木架。凡闻锹音一声，即谈三来也。**

欲试其技，则呼之入室，以席布（铺）**地，架悬大锣，将大钹小钹，锣鼓各物，按**（排）**布地中，身坐席上，先吹打一会，口吹唢锹，肘**（用肘子）**鼓**（敲击）**大锣，右足撞钹，顺**（趁便）**敲锣，左足敲鼓摇板**（竹板），**门外闻者，不知其几**

许(多少)**人也。**

吹打尽(结束)**,则戏曲齐来,口唱各调,手弹琵琶,足敲鼓而打板,按腔**(调)**合拍,生、旦、净、丑**(戏剧中的角色名称)**,声音毕具**(全具备)。**遇武剧,则大锣大鼓,恍**(仿佛)**如杀退贼兵**(敌兵)**,班凯**(得胜)**回朝**(朝廷)**,更觉周到。**

夫(发语词,无义)**以一丐瞽**(乞讨的盲人)**,而周**(全)**身上下,无不有用。且各出其奇,并无雷同**(相同重复)**之弊**(缺点)。**虽**(即使)**十目所视,十手所指,亦**(也)**不能造于**(达到)**至极**(最好的地步)。

(节选自《咫闻录》)

【点评】

一个盲人能作如此表演,全是智慧的结晶!

148. 逸马杀犬

【智慧故事】

宋朝的欧阳修在翰林院时，曾经跟同事们外出游玩。

忽见有匹在大道上奔跑的马踩死了一条狗。欧阳修对同事们说："请大家用文字来叙述这件事。"一个人说："有犬卧于通衢，逸马蹄而杀之。"意为有一条狗躺在四通八达的大路上，一匹奔跑的马用蹄子踩死了它。另一个说："有马逸于街衢，卧犬遭而毙之。"意为有匹马在四通八达的大路上奔跑，躺在路上的一条狗遇到它后被踩死了。

欧阳修说："如果让你们编历史，恐怕一万卷也写不完。"同事问："你怎么写？"欧阳修说六个字就可明了："逸马杀犬于道。"大家一同笑起来了。

【故事出处】

欧阳公（即欧阳修，"公"是对人的尊称）**在翰林**（即翰林院，科举中取得进士身份的人在翰林院里为皇帝起草诏书、编写历史、注释经典等）**时，常**（同"尝"，曾经）**与同院出游。有奔马毙犬。公曰："试**（请）**书**（写）**其一事。"一曰："有犬卧于通衢，逸**（奔跑的）**马蹄**（踩着）**而杀之。"一曰："有马逸于街衢，卧犬遭而毙之。"公曰："使子**（你们）**修**（编）**史，万卷未已**（完）**也。"曰："内翰**（翰林的别称。此指欧阳修）**云何**（怎么说）**？"公曰："逸马杀犬于道。"相与**（一同）**一笑。**

（节选自《今古谭概》）

【点评】

文字表达要言简意赅！

149. 王安石改诗

【智慧故事】

王安石曾写过一首绝句《泊船瓜州》:"京口瓜州一水间,钟山只隔数重山。春风又绿江南岸,明月何时照我还?"吴中有个读书人家中藏着他的草稿,开始写"又到江南岸",王安石圈掉"到"字,在旁边注明"不好",改为"过",成为"春风又过江南岸"。后来又圈掉"过",改为"入"。不久又改为"满"。前后共改用十来个字,最终决定用"绿"。

【故事出处】

王荆公(王安石被封为荆国公,故世称王荆公)**绝句云:"京口**(今江苏镇江市)**瓜州**(今江苏扬州市南)**一水间**(隔),**钟山**(今江苏南京紫金山)**只隔数重山。春风又绿江南岸,明月何时照我还**(回家)。"**吴中**(今江苏苏州市南)**士人**(读书人)**家藏其草**(草稿),**初云**(此指写)**"又到江南岸",圈去"到",注**(旁注)**曰"不好",改为"过"。复圈去而改为"入"。旋**(不久)**改为"满"。凡**(共)**如是十许**(左右)**字,始字为"绿"。**

(节选自《容斋随笔》)

【点评】

好诗文是修改出来的!

150. 一幅讽刺画

【智慧故事】

清朝的江建霞曾给人在绢制的团扇上画了一幅画。画面上有两只贪食的老鼠，旁有一颗胡桃及几粒花生。他在画上题了一首词："老鼠哥哥，你底事终宵闹我。蜡烛已残，油灯又破，忍使俺无端闷坐。刚到新年，福橘乌菱，早饱哥哥肚，只剩得几荚花生，还有胡桃一个。些些橱子，不值今朝小吃，恐教受饿，劝哥哥明日还来，预备些干粮，细嚼五更鼓。"这首词配在画上，意味深刻，妙趣横生，看的人都会忍不住笑起来。

忽然有个朋友拿起笔在下面写上："此词人感慨外强频频入侵、欺人太甚，而当权的不能事前作出巩固边疆的策略，致使各处口岸，已接二连三地被割去，将来的政策，仍将不外乎拿土地去讨好敌人罢了。"于是，众人都拍手大笑起来。

那友人的几行字，点明了江建霞幽默画的深刻含义，真是聪明人识透聪明画。

【故事出处】

江建霞尝为人戏画纨扇（细绢制成的团扇。纨，wán），**作**（画）**二鼠，旁有**

一胡桃及花生数枚，题其上（在画上题词）**曰："老鼠哥哥，你底**（何）**事终宵**（彻夜）**闹我。蜡烛已残，油灯又破，忍使俺**（我）**无端闷坐。刚到新年，福橘乌菱，早饱哥哥肚，只剩得几荚花生，还有胡桃一个。些些**（一点点）**桐子，不值今朝小吃，恐教受饿，劝哥哥明日还来，预备些干粮，细嚼五更鼓。"出语隽**（juàn，意味深刻）**妙，见者解颐**（大笑。颐，面颊）。

忽一友奋笔注其下曰："此词人叹外侮迭乘（不断乘机入侵。迭，轮流），**当局**（执政）**诸公，不能绸缪**（事前做好准备。缪，miù）**固圉**（yǔ，使边疆巩固）**之策，各处口岸，既已纷纷割让，而将来政策，仍将不出乎以地媚敌也云云**（如此罢了）。**"于是同人咸**（皆）**拍手大笑。**

（节选自《清朝野史大典》）

【点评】

文艺也是战斗的武器！

151. 吴育鉴赏正午牡丹

【智慧故事】

世上有不少书画收藏家，往往只图个空名而已。他们偶尔听说某幅字画出于名人钟繇（yáo）、王羲之、顾恺之、陆探微之手，便争相购买。至于那字画是真品还是赝品，是精品还是劣货，全然不顾，这叫做“耳鉴”——凭耳朵识别字画。还有的人更蠢，欣赏图画竟用手去抚摸，他们认为颜色涂得均匀，摸上去没有高低不平的感觉，便是好画，这种人更在“耳鉴”之下，可以称之为“揣骨听声”——像相面的人一样，胡说通过摸人的骨骼和听人的声音就能预测人的祸福。

宋朝大文学家欧阳修曾得到一幅古画，上面画着一丛牡丹，牡丹花下蹲着一只猫。他辨别不出是否精品。一天，欧阳修的亲家吴育上门来，欧阳修便拿出那幅古画来请他鉴赏，吴育仔细一看说：“这是正午牡丹。”

“何以见得？”欧阳修问道。

吴育指着牡丹说：“你看那花瓣，略微显得涣散、萎靡，而花色呢，也似乎干燥，这就表明是中午时的花；再说花下蹲着的猫，它乌黑的眼睛眯得像一条线，这是中午时的猫眼。如果是早晨的花，它的花心收拢而且颜色湿润；猫的眼睛，早晨和夜里是圆溜溜的，随着太阳的升高而逐渐显得狭长，到正午就像一条线了。这是一幅好画啊！”

欧阳修再仔细看看，果然如此，不禁大为叹服。

【故事出处】

藏书画者，多取空名，偶传为钟、王、顾、陆（指钟繇、王羲之、顾恺之、陆探微，他们都是古代著名书画家）**之笔，见者争售**（买）**，此所谓“耳鉴”。又有观画而以手摸之，相传以为色不隐指**（着色均匀，无高低不平感觉）**者为佳画，此又在“耳鉴”之下，谓之“揣骨听声”。**

欧阳公（欧阳修）**尝得一古画牡丹丛，其下有一猫，未识其精粗**（优劣）。**丞相正肃吴公**（吴公指吴育，正肃是他的谥号）**与欧公姻家，一见曰：“此正午牡丹也。何以明之？其花披哆**（萎靡无力。哆，duō）**而色燥，此日中时花也；猫眼黑睛如线，此正午猫眼也。有带露花，则房敛**（花心收拢。敛，liǎn）**而色泽**（湿润）。**猫眼早暮则睛圆，日渐中狭长，正午则如一线耳。”此亦善求**（识别）**古人笔意也。**

（节选自《梦溪笔谈》）

【点评】

经验是鉴赏家的基石！

152. 曹植七步成诗

【智慧故事】

曹丕和曹植是同母兄弟，他们的父亲是魏王曹操。曹植生得聪明伶俐，很受父亲的爱怜。曹操一度曾想让他作为继承人，但由于种种原因，曹操最后还是让曹丕继位了。虽然这样，兄弟间已产生了严重的矛盾。

曹丕做了皇帝后，处处排挤压制曹植，最后竟想置曹植于死地。

一天，曹植被召进宫。他踏进大厅，见气氛异乎寻常。曹丕拉长着脸端坐中央，两旁分坐几个杀气腾腾的武将。曹丕叫曹植坐停，寒暄了几句后，问道："近来你作诗撰文吗？"

"偶尔弄点笔墨，但无甚进步。"曹植答道。

"朝中文武官员，都说你才华横溢，不过也有人怀疑你的诗文是有人代笔的，是真是假，请你今天当众写一点，以正视听。"曹丕用心险恶地说。

"遵命。"

曹丕说："你我是兄弟，就以兄弟之情作一首诗，限你在这厅上走七步，七步之内完不成，立刻斩首！"

"啊！原来是这样。"曹植顿时悲愤交集，他万万没料到一母所生的哥哥会对他如此狠毒，名为命题作诗，实为谋害。他边走边想，还没走完七步，便吟出六句诗来：

煮豆持作羹，漉菽以为汁。

萁在釜下燃，豆在釜中泣。

本是同根生，相煎何太急！

“好诗，好诗！”几个对诗文不甚精通的武将忍不住叫起来，这下倒使曹丕陷入狼狈的境地。因为那六句诗分明在讽刺、抨击曹丕：豆和豆萁本是同根生的，好像他和曹丕本是一母所生。如今豆萁在锅下熊熊燃烧，豆子在锅中备受煎熬，犹如曹丕忘情无义地迫害他。这样的结果有什么好处呢？还不是豆萁烧尽，豆儿煮烂，同归于尽！

【故事出处】

文帝（指魏文帝曹丕）**尝**（曾）**令**（命令）**东阿王**（曹植曾被封为东阿王）**曹植七步中作诗，不成者行**（执行）**大法**（杀头）。**应声便为诗曰：“煮豆持**（拿来）**作羹**（gēng，有汤的食物），**漉**（lù，渗出水来）**菽**（豆）**以为汁。萁**（豆萁）**在釜**（fǔ，锅）**下燃，豆在釜中泣**（流泪）。**本是同根生，相煎**（煎熬）**何太急！”帝深有惭色**（羞愧的神色）。

（节选自《世说新语》）

【点评】

急中生智，留千古杰作！

153. 金农作诗"解围"

【智慧故事】

金农是清朝乾隆年间著名的诗人兼画家。他一度曾寓居于扬州。扬州是水陆交通的要道，经济繁荣，文化发达。那里的许多盐商虽然都是做生意的，但都以跟文人学士交往为荣，因此争着邀请金农出席各种集会。

一天，某商人在扬州瘦西湖旁的平山堂设宴招待客人，金农也应邀出席了，并且坐在上座。席间，有人提议用"飞"、"红"两字作酒令，即每人轮流念一句古诗，诗中要有"飞"、"红"两字，念不出的罚喝酒三杯。大家欣然同意，唯独主人闷声不响，因为他实在是个大老粗。接着依次行酒令，轮到那主人时，他皱着眉头苦苦思索，始终想不出有"飞"、"红"的诗句来，真感到有失面子。

"罚三杯！罚三杯！"在座的人哗然取乐。

"想起来了。"主人突然说，"柳絮飞来片片红。"

"胡说，胡说。"在座的客人哄堂大笑：柳絮怎会是红的呢？

"不错，这是古人说过的诗句。"一直没有开口的金农说。

"真的吗？请金先生念出来让大家享享耳福。"有人说。

金农呷过一口酒，说："这是元朝人赞美平山堂的诗句：廿四桥边廿四风，凭栏犹忆旧江东。夕阳返照桃花渡，柳絮飞来片片红。”

“好诗！好诗！”盐商们佩服金农知识渊博。桃花渡就在平山堂外，其时正值春季，水坞边桃花盛开，在夕阳的光辉映照下，一片绯红；它的反光，将飘落下来的柳絮染成了红色。所以“柳絮飞来片片红”不仅符合实际而且极有诗情画意。

其实这根本不是元朝人诗句，而是金农灵机一动随口念出、为主人解围的。主人异常高兴，第二天特地登门酬谢金农。

“柳絮飞来片片红”，以其映衬贴切而留名诗谱。

【故事出处】

扬州诸（众）**盐商慕其**（指代金农）**名，竞**（争）**相延致**（邀请）。**一日，有某商宴客平山堂**（瘦西湖边的建筑），**金**（金农）**首坐**（坐在首位）。**席间以古人诗句“飞红”为觞政**（酒令。饮酒时做的游戏，输的人罚饮酒。觞，shāng）。**次至**（依次轮到）**某商，苦思未得。众客将议罚。商曰：“得之矣！柳絮飞来片片红。”一座**（整个席上的人）**哗然**（大笑），**笑其杜撰**（凭空编造。撰，zhuàn）。**金曰：“此元**（元朝）**人咏平山堂诗也，引用綦切**（很贴切。綦，qí）。**”众请其全篇**（请金农背整首诗）。**金诵之曰：“廿四桥边**（传说扬州有二十四座著名的桥）**廿四风**（风光），**凭栏犹忆旧江东**（江南）。**夕阳返照桃花渡，柳絮飞来片片红。”众皆服其博洽**（知识广博。洽，qià）。

其实乃金口占（随口创作）**此诗，为某商人解围也。商大喜，越日**（第二天），**以千金馈**（kuì，赠送）**之**。

（节选自《雨窗消意图》）

【点评】

可见扬州八怪之一的金农才思何等敏捷！

154. 朱元璋庵中题诗

【智慧故事】

朱元璋起兵后，渡过长江，乔装改扮来到一座小寺庙，打算在庙里住一个晚上。庙里和尚见他神态异样，盘问他的官爵、籍贯与姓名。朱元璋有点恼火，就在墙壁上写了首诗："杀尽江南百万兵，腰间宝剑血犹腥。山僧不识英雄主，只顾哓哓问姓名。"朱元璋做了皇帝后，听说他写的那首诗已被人冲洗掉了，就下令将庙里的和尚逮捕并押送京城，准备杀掉他。

和尚被押送到京城后，朱元璋问道："我的诗为什么把它冲洗掉？"和尚说："皇上题的诗冲洗后，如今只有我师父的四句诗保存着。"朱元璋问："什么诗？"和尚吟诵道："御笔题诗不敢留，留时常恐鬼神愁。故将法水轻轻洗，尚有毫光射斗牛。"朱元璋听后不禁开怀大笑起来，最终将和尚放走了。

【故事出处】

太祖（指明太祖朱元璋）**既渡江，微行**（乔装改扮出行）**于庵**（ān，小寺庙），**欲借一宿。僧异而问其爵里**（官位与籍贯）**姓名，乃题诗于壁曰："杀尽江南百万兵，腰间宝剑血犹腥。山僧不识英雄主，只顾哓哓**（xiāo，啰唆）**问姓名。"后登极**（指做皇帝），**闻诗已无，旨**（下令）**收**（逮捕）**僧至京**（京城），**将杀之。既至，曰："予**（我）**诗何去之？"僧曰："御制**（皇帝写的）**后，仅有吾师四句在焉**（那里）。**"问曰："何诗？"僧诵云："御笔题诗不敢留，留时常恐鬼神愁。故将法水**（仙水）**轻轻洗，尚有毫光射斗牛**（指斗宿星与牛宿星。传说这两星之间有异气）。**"上笑释之。**

（节选自《七修类稿》）

【点评】

和尚的诗正符合朱元璋的胃口！

155. 顾恺之画人

【智慧故事】

顾恺之是东晋著名画家。

他画人物，有时人物画成了而好几年不点上眼珠。人们问他这是什么缘故，他说："人物四肢的美丑，本来就跟画的精美无关。画人物要传神，就在这一点上。"

这"一点"，指的就是眼珠。

【故事出处】

顾长康（顾恺之字长康）**画人，或**（有时）**数年不点目睛**（眼珠）。**人问其故，顾曰："四体妍**（yán，美好）**蚩**（chī，丑恶），**本无关于妙处。传神写照，正在阿堵**（这个）**中。"**

（节选自《世说新语》）

【点评】

眼睛是心灵的窗户，点"睛"确是关键！

156. 杨亿对寇莱公

【智慧故事】

寇准做宰相时，常跟同僚作对联。

有一次他出了一幅上联：水底日为天上日。意为水底的日影就是天上的太阳。当时没有人能对出下联。

不一会儿，适逢杨亿前来有事禀报，寇准知道他是个文学才子，就请他对下联。寇准话音刚落，杨亿接着对道：眼中人是面前人。意为眼睛中的人影就是面前的人。

所有在座的人都认为杨亿对得好。

【故事出处】

寇莱公（即寇准，封莱国公）**在中书**（即中书省，北宋最高行政机构），**与同事戏作对子："水底日为天上日"，未有对，而会**（适逢）**杨大年**（杨亿字大年）**来白**（禀报）**事，因请其对。大年应声**（接着对方的话）**曰："眼中人是面前人。"**

一（整个）**坐**（同"座"）**称为好对。**

（节选自《归田录》）

【点评】

对得既工整又贴切，确是个才子！

157. 戴颙为佛像减肥

【智慧故事】

从汉朝开始中国才有佛像，当时佛像的制作比较粗糙。

宋世子叫工匠铸造了一尊一丈六尺高的铜佛像，安置在瓦官寺里。佛像虽然铸成了，但遗憾的是看上去面孔太瘦。他叫工匠修改，但工匠说无法修改。

这怎么办呢？

于是把戴颙（yóng）请来，让他想想办法。戴颙看过佛像后说："不是面孔瘦，而是佛像的手臂肩胛太肥胖了。"

随后给佛像削减手臂与肩胛，结果看上去面孔就不觉得瘦了。

【故事出处】

自汉世（汉朝）**始有佛像，形制未工**（完美）。**宋世子铸丈六**（一丈六尺）**铜像于瓦官寺**（寺庙名）。**既**（已）**成，恨**（遗憾）**面瘦，工人不能改。迎戴颙视之，颙曰："非面瘦，乃臂胛**（jiǎ，肩胛）**肥耳**（罢了）。"**为**（即"为之"，给佛像）**减臂胛，遂不觉瘦**。

（节选自《智囊》）

【点评】

一位高明的雕塑大师！

158. 王安石集句诗

【智慧故事】

古人在诗中有“风定花犹落”的句子，世人认为没有人能找到跟它相应的句子。王安石找来“鸟鸣山更幽”作对句。“鸟鸣山更幽”本是南朝宋代王籍的诗句，原来的上句是“蝉噪林愈静”。“蝉噪林愈静，鸟鸣山更幽”，这上下两句只是一个意境，都表示动中有静。现在拿来跟“风定花犹落”作对，成了“风定花犹落，鸟鸣山更幽”，表现为上句静中有动，下句动中有静，更有意境。

从王安石开始世上有了“集句诗”，即把别人写的诗句挑选后重新组合。他的集句诗最长的有百来句，意境往往超过原来的诗，后世人渐渐有模仿编“集句诗”的。

【故事出处】

古人诗有“风定花犹落”之句，以为无人能对（即找出相应的下联）。**王荆公**（王安石，因被封为荆国公，故世称“王荆公”）**以对“鸟鸣山更幽”。“鸟鸣山更幽”本宋**（指南朝的宋代）**王籍诗，原对“蝉噪林愈静，鸟鸣山更幽”，上下句只是一意**（一个意境，即都是动中有静）。**“风定花犹落，鸟鸣山更幽”，则上句乃静中有动，下句动中有静。**

荆公始为“集句诗”。多至百韵（百句），**皆集合前人之句，语意对偶，往往亲切过于本**（原）**诗，后人稍稍**（渐渐）**有效而为者。**

（节选自《梦溪笔谈》）

【点评】

这是一种再创造！

五、特技超人

159. 断臂乞丐书楷体

【智慧故事】

唐朝大历年间，东都洛阳天津桥边有个乞丐，没有双臂，用右足趾夹笔，书写经书乞讨。

他想书写前，先一而再、再而三地抛笔，高一尺多，落下来时用足趾接住，从不失落。他写的字端正娴熟，连宫中誊写文书的楷体字也比不上。

【故事出处】

大历（唐代宗年号）**中，东都**（指洛阳）**天津桥乞儿，无两手，以右足**（指足趾）**夹笔，写经**（经典著作）**乞钱。欲书**（写）**时，先再三掷**（抛）**笔，高尺余，以足接之，未曾失落。书迹**（字迹）**宫**（宫中）**楷书不如也。**

（节选自《酉阳杂俎》）

【点评】

为求生而练出真本领！

160. 纸匠与厨师的绝技

【智慧故事】

清朝雍正年间，大将军年羹尧网罗天才英才，凡是才能突出，有一技之长的人，不管他是赌徒、棋手还是踢球的人，都搜罗在他的幕府之中。

有一个刻纸的匠师，把成百上千张纸叠在几案上，然后用小凿子从上至下刻各种花样，所有的纸都刺破了，唯独最底下的一张完整如新，没一点儿凿痕，这已经很神奇了，然而还有比刻纸更神奇的。

有一个厨师，叫人裸露肩背，把肩背当作砧板，在背上放一二斤生猪肉，然后两手挥动双刀，不停地剁肉，周围观看的人无不惊讶失声。等到猪肉剁成肉糜，而那人的肩背却无丝毫损伤，真是太神奇了！

【故事出处】

雍正（清世宗的年号）**年间，大将军年羹尧网罗**（搜罗）**英杰，凡瑰伟**（比喻突出的人才）**奇特之士**（人），**与博**（赌博）**弈**（下棋）、**挞鞠**（tà jū，古代用鞭或棍击球的一种游戏），**擅**（专）**一长一技者，靡**（无）**不收置幕**（幕府。指将帅的官署）**下**。

有一纸匠，叠纸百千幅于案（几桌），**以小凿**（凿子）**自上而下，刺**（刻）**诸**（各种）**花样，余纸皆遍，而独留极下一纸，无纤微**（形容极细小）**凿痕，斯**（这）**已奇矣。又有一庖人**（厨师。庖，páo），**裸人肩背作几案**（此指砧板），**置**（放）**生豚**（生的猪肉。豚，tún）**一二斤其上，挥双刀，杂沓**（杂乱的样子）**剁之，旁观者咸**（都）**惊诧**（惊讶）**失声**（不敢发出声音）。**及**（等到）**肉成糜**（碎肉），**而背无毫发**（丝毫）**伤，为更奇**。

（节选自《梦厂杂著》）

【点评】

何止千日之功！

161. 侯钺画盗像

【智慧故事】

清朝的侯钺（yuè）有独特的技巧。他擅长画人的相貌，只要见过一面，即使相隔数十年，还能默默地把对方的容貌画出来。

参加进士考试时，金榜题名的三百人，侯钺都记住他们的相貌，绘了一箱子人物画，等到后来第二次见面，没有不记得的。

侯钺曾经去附近地方，半路上遇到强人被抢劫。他呼唤强盗，叫他们坐在大石头上，镇定自若地跟他们谈笑，强盗不敢靠近他。后来侯钺骑着驴子吹着口哨回去，一到家便把强盗的形状逐一画出，并送官吏，不久那些强盗被一网打尽。

【故事出处】

侯钺有殊巧，善写（画）**人形，一识面虽**（即使）**数十年，皆能默肖之**（用默记的方法把对方画出来）。**举进士**（参加进士考试）**时，同榜三百人，钺皆识**（记住）**其状，为一箧**（qiè，竹箱子）**以志**（记）**之。比**（等到）**再**（第二次）**见，无不识者。**

钺曾小行（附近走动），**遇盗被劫，呼盗坐盘石**（扁平的巨石），**从容笑语，盗不敢逼**（靠近）。**钺跨**（骑）**驴吟啸**（吹着口哨）**而返，乃图**（画）**盗衣冠**（指形状）**送吏，尽捕获之。**

（节选自《皇华纪闻》）

【点评】

记性好，画技高，确有“殊巧”！

162. 韩志和令蝇虎子舞蹈

【智慧故事】

韩志和本是日本人，长期生活在中国。他擅长雕刻凤凰、仙鹤等禽类动物，还把机关装在它们腹中，拨动机关就能飞，高两三百尺，落在数百步以外。

他又曾在唐朝皇帝宪宗前拿出五六十只“蝇虎子”——蜘蛛一类的小动物，让它们分开排成队，叫它们随着梁州曲跳舞，而且都合节拍，开口“说话”时殷殷有声，曲子唱完，舞蹈也结束，然后一只接一只退下，仿佛还有贵贱等级的区别。

唐宪宗看了非常高兴，赏赐给他金银及丝织品，并且提高一等官职。

【故事出处】

韩志和者，本倭国（旧时称日本为倭国）**人也，善雕木为鸾**（凤凰一类的鸟）**鹤乌鹊之形，置机捩**（机关。捩，liè）**于腹中，发**（拨动）**之则飞，高三二百尺，数百步外方始却**（降）**下。**

又于唐宪皇（指唐宪宗李纯）**前出蝇虎子**（蜘蛛的一种，但不结网）**五六十头，分**（分开）**立队，令**（使）**舞梁州曲，皆中**（合乎）**曲度**（节拍），**致词**（开口说话）**殷殷**（象声词）**有声。曲毕则累累**（一只接一只）**而退，若有尊**（高贵）**卑**（低贱）**等级焉。**

帝大悦，赐金帛（丝织品总称）**加等**（等级）。

（节选自《仙传拾遗》）

【点评】

韩志和令蝇虎子舞蹈，恐怕胜过驯兽师！

163. "神笔"胡应麟

【智慧故事】

明人胡应麟，字元瑞，浙江兰溪人。他的书法很有名，但不到酒酣或心情极好时，决不肯临池写字。

他酒醉时写字，多不用笔，愈醉写出的字愈妙。别人来求他写字时，先要等他酒喝醉了，把磨好的墨汁倒入砚池内。这时胡应麟时而用头发蘸墨汁，时而用手臂蘸墨汁，甚至用耳朵与鼻子蘸墨汁，然后甩动头发、挥动手臂，或用耳朵、鼻子写字。

字写好后，人们都认为他是神来之笔。

【故事出处】

胡应麟，字（表字）**元瑞，兰溪**（今浙江兰溪市）**人。以书**（书法）**名世，非酒酣**（喝得畅快）**与极快**（兴奋），**不一临池**（指写字）。**醉时，多不用笔书。其法，愈醉愈妙。人来索书**（求取字迹）**者，会其醉磨墨汁数升**（旧时量器），**倾向池**（指砚台）**间。元瑞或自濡**（用墨沾湿）**其发，或濡其臂，即耳与鼻，皆能运动作书**（写字）。**书成，人以为神笔。**

（节选自《隽区》）

【点评】

独特的书法艺术，闻所未闻！

164. 卖蒜老头的气功

【智慧故事】

清朝时，南阳县有个叫杨二的年轻人，精通拳术，力大无比，能用两只肩膀扛着一艘粮船站起来。数百个年轻力壮的满族人用竹篙戳他，竟然寸寸折断裂开，而他若无其事，因此在当时名声极大。

杨二率领他的徒弟辗转各地教授拳术，有一年到了江苏常州，每当到演武场传教使枪弄棒的技艺时，观看的人围得水泄不通。

忽然有一天，有个卖蒜的老头儿来了。他弯腰曲背一副老态，不停地咳嗽，在一旁斜着眼看杨二表演，显出轻蔑的神态。周围的人大为惊讶，急忙奔过去告诉杨二。杨二听了，大为恼怒，招呼老头儿走到他跟前，然后用拳头打击砖墙，墙壁竟然凹进去一尺左右，傲气十足地对老头儿说："你老头儿也能受这样打吗？你打死不喊冤枉吗？"

老头儿说："我快到死的年纪了，能用一死来成就你的名声，那么死也无怨了！"

于是杨二找来很多人，要老头儿当众写下"打死勿怨"的誓约。老头儿二话不说立即签字画押，并且叫杨二好好休息三天。

三天后，老头儿把自己缚在树干上，脱了上衣，露出肚皮，让杨二拳击。杨二故意在十步外取势，然后快步上前用力击打老人。那老人静静的，一声不哼。只见杨二两膝跪地，连连叩头说："我知错了！我知错了！"他想拔出拳头，可拳头被老人的肚皮紧紧夹住了，怎么也拔不出来。杨二苦苦哀求了好一会儿，老头儿鼓起肚皮放了他，杨二被弹到石桥外。观看的人目瞪口呆。

老头儿慢悠悠地背起蒜筐回去了，他始终不肯把姓名告诉别人。

【故事出处】

南阳县（今河南南阳市）有杨二相公（对年轻人的尊称）者，精于拳勇（拳击），能以两肩负（扛着）粮船而起（站起来）。旗丁（满族男子）数百以篙（竹篙）刺之，篙所触处，寸寸折（断）裂，以此名重一时。率其徒（徒弟）行教常州（今江苏常州市），每至演武场传授枪棒，观者如堵（围墙）。

忽一日，有卖蒜叟（sǒu，老头儿），龙钟伛偻（弯腰曲背一副老态模样。伛，yǔ），咳嗽不绝声，旁睨（斜视）而揶揄（yé yú，轻蔑的样子）之。众大骇（惊讶），走（奔）告杨（杨二）。杨大怒，招叟至前，以拳打（击）砖墙，陷入尺许（左右），傲之曰："叟能如是乎？"叟曰："君（你）能打墙，不能打人。"杨愈怒，骂曰："老奴（奴才）能受我打乎？打死勿怨？"叟笑曰："老人垂（将）死之年，能以一死成（成就）君之名，死亦（也）何怨！"乃广约众人，写立誓券，令杨养息三日。

老人自缚于树，解衣露腹。杨故取势于十步外，奋拳击之。老人寂然（静静地）无声。但（只）见杨双膝跪地，叩头曰："晚生（年轻人。我）知罪（错）了！"拔其（指代杨二）拳，已夹入老人腹中，坚（紧）不可出。哀求良（很）久，老人鼓腹纵（放）之，已跌出一石桥外矣。

老人徐徐（慢悠悠地）负蒜而归，卒（终）不肯告人姓氏。

（节选自《子不语》）

【点评】

真人不露相，露相非真人！

165. 捕蛇奇丐

【智慧故事】

苏州浒墅关西乡，早先有大蛇出没。周围数里，每当夏天好多人会染上毒疮，当地人都认为是蛇毒造成的。于是到处寻找捕蛇人，最后找到了甲、乙、丙三个乞丐来捕蛇。甲是师傅，乙、丙是徒弟。他们要价很高，乡人凑足钱给了他们。

没几天，乞丐带着一只箩筐来了。箩筐里贮存着无数蜈蚣。找到蛇洞后，师傅打开箩筐让蜈蚣咬他，顿时身体渐渐肿胀，然后他发功一段时间，肿胀全部消失，只有右手的食指和中指粗得几乎如同大腿。师傅叫乙、丙分立在左右，自己用两个指头伸进蛇洞中。一会儿，师傅用尽力气抬起手向外拔，乙、丙分别用铁钩帮助。最终师傅倒钩拔出，大蛇已直挺挺地僵死了，然而还紧紧咬住手指，死也不放。

乙、丙再用药水洗师傅的指头，一会儿就痊愈了。

估计那蛇长度有八尺多一点，身围超过了杯碗的直径。砍杀后再焚烧，臭气数里之内都闻得到。这就是人们所说的以毒攻毒。乞丐的技术也真神奇啊！

【故事出处】

姑苏（即江苏苏州市）**浒墅关**（地名）**西乡，向**（早先）**有巨蛇出没。左右**（周围）**数里，每夏多染疮疽**（jū，毒疮）**疾**（病），**皆以为**（认为）**蛇毒所致**（造成）。**于是遍觅**（寻找）**捕蛇者，得**（找到）**甲乙丙三丐**（三个乞丐）。**甲师**（师傅）**也，乙丙其徒**（徒弟）**也。索资**（取金）**甚巨**（大），**乡人醵**（jù，凑钱）**与之。**

不数日，丐携一篓（竹编的器物），**篓中贮蜈蚣无算**（无数）。**既**（已）**得蛇**

窟(洞)，**甲启**(打开)**篓尽蜈蚣食之**(咬自己)，**身体渐肿，运气**(指发功)**片刻，肿者全消，惟**(只有)**右手食指中指大几**(几乎)**如股**(大腿)。**令乙丙分立左右，甲即以两指探入**(伸入)**窟中。有间**(一会儿)，**甲尽力举手外拔，乙丙各以铁钩助**(帮助)。**甲倒戟**(倒钩)**而出，蛇已挺然**(直挺挺的样子)**僵毙**(死)，**惟紧嗾**(sǒu，咬住)**甲指，死犹不释**(放开)。**乙丙复**(又)**以药水洗甲指，顷刻**(一会儿)**遂**(就)**愈**(痊愈)。

按(估计)**蛇长八尺有余，粗愈**(超过)**杯碗。斫**(zhuó，砍杀)**而焚之，臭闻数里。此所谓以毒**(指蜈蚣的毒汁)**攻**(对付)**毒**(指毒蛇)**也。丐之术**(技术)**亦**(也)**神矣哉！**

(节选自《壶天录》)

【点评】

神在以毒攻毒，奇在胆大技高！

166. 王尹生转轮接箭

【智慧故事】

南宋时杭州有个叫王尹生的艺人，他的视力极好。

他在集市贸易区摆了个游戏摊，竖起一个大转轮，直径四五尺，中间绘有器物、花鸟、人物，共一千多种。他对别人说，不论顾客或自己射箭，一定能按预定的目标击中。随后他把轮盘转得飞快，让顾客随意发箭，比如顾客射某只鸟，箭发出去后，王尹生转动的轮盘会配合他击中某只鸟，真是奇异无比。有时用几支箭让他自己射击，顾客要把射某种事物，如花蕊、初生的柳叶、鱼嘴旁的硬刺、燕子的翅膀等等告诉他，即使极为细微的东西，没有不中的。他的技术几乎到了出神入化的地步。可惜没人继承他的技艺！

【故事出处】

王尹生者，善端视（看细小的东西）。**每设大轮盘，径**（直径）**四五尺，画器物、花鸟、人物凡**（共）**千余事**（种）。**必预定第一箭中**（击中）**某物，次中某物，次中某物。既而**（然后）**运轮如飞，俾**（bǐ，使）**客**（顾客）**随意施**（发射）**箭，与预定无少差**（没相差多少）。**或以数箭俾其自射，命之**（指代王尹生）**以欲中某物，如花须**（花蕊）、**柳眼**（初生的柳叶）、**鱼鬣**（liè，鱼嘴颌旁的硬刺）、**燕翅之类，虽极微藐**（微小。"藐"同"渺"），**无不中之。其精妙入神如此。然未见能传其技者。**

（节选自《癸辛杂识》）

【点评】

技高者必智高！

167. 捕蛇高手戴生

【智慧故事】

南宋杭州太庙前有个叫戴生的，是捕蛇能手。凡是有奇特的蛇，一定叫他去捕捉。他可以空手捉蛇，轻易得如同抓泥鳅、黄鳝一样。有时被剧毒的蝮蛇咬了，指头肿胀得如椽子粗，他从竹箱里拿出一点药涂上去，随即化成黄水流出，恢复得跟平常一样，然而十个指头也仅存四个了。有时暗藏的蛇一下子找不到，就用细小的芦苇管吹奏，那蛇就随着声音游出来了，这尤其奇特。他家里贮存着数十种奇异的蛇，分别用大小不同的竹筐装着，天天给它们喂肉，每当呼唤它们，有的会旋转，有的身子会升降，都能按戴生的指挥活动。

【故事出处】

太庙（皇帝的祖庙）**前有戴生者，善捕蛇。凡有异**（奇异）**蛇，必使捕之。至于赤手**（空手）**拾取**（指抓蛇），**如鳅鳝然**（好像抓泥鳅、黄鳝一般）。**或**（有时）**为**（被）**毒蝮**（fù，剧毒的蝮蛇）**所啮**（niè，咬），**一指肿胀如椽**（chuán，承架屋瓦的细圆木），**旋**（一会儿）**于笈**（jí，竹箱）**中取少**（稍些）**药糁**（sǎn，涂抹）**之，即化黄水流出，平**（平整）**复如初**（早先），**然十指所存亦仅四耳**（罢了）。**或**（有时）**欲捕之蛇藏匿**（隐蔽）**不可寻，则以小苇**（芦苇）**管吹之，其蛇则随呼而至，此为尤**（尤其）**异**（不寻常）。**其家所蓄**（养）**异蛇凡**（共）**数十种，各随**（按）**大小以筠篮**（竹筐。筠，yún）**贮之，日啖其肉**（给它们吃肉。啖，dàn）。**每呼之使之旋转升降，皆能如意**（按照主人的意思）。

（节选自《癸辛杂识》）

【点评】

不亚于印度的玩蛇艺人！

168. 长安女妓走绳索

【智慧故事】

唐玄宗开元二十四年八月初五，皇帝在长安宫楼前设置绳技，由女子表演，犹如今天的走钢丝。

演员先拿出一条长绳，两头系在辘轳的柱子上。辘轳将柱子升高，并把绳子拉直绷紧。然后女演员从绳子的一头踩着上去。

她们轻快地在绳子上来来往往，远远望去仿佛天上的仙女。有时在绳索上中途相遇，便侧身而过；有的穿着木屐行走，可以不慌不忙地弯腰或后仰；有的用画着图案的竹竿扎住小腿，高五六尺，犹如在钢丝上走高跷；有的三四个人在绳索上踩着别人肩膀、踏着别人的头顶“叠罗汉”，随后翻身落在绳索上，竟没失足的。她们的表演都与鼓声节奏密切配合，真是难得一见！

【故事出处】

唐玄宗开元（唐玄宗李隆基年号）**二十四年八月五日，御楼**（皇帝的楼阁）**设绳技。妓者**（女演员）**先引**（拿出）**长绳，两端着地，埋辘轳以系**（扎）**之。辘轳内数丈立柱以**（用来）**起**（升起）**绳，绳之直如弦**（弓弦）。**然后妓女自绳端蹑足**（用脚踩着）**而上，往来倏忽**（霎那）**之间，望之如仙**（仙女）。**有中路相遇，侧身而过者；有着屐**（jī，木底鞋）**而行，从容俯仰；或**（有的）**以画竿接胫**（小腿）**高五六尺；或蹋**（踩着）**肩蹈**（踏着）**顶**（头顶）**之三四重，即翻身掷地，至**（到了）**绳还住**（停住），**曾**（竟）**无蹉跌**（失足）：**皆应**（合乎）**严鼓**（紧密的鼓声）**之节**（节奏），**真奇观者。**

（节选自《封氏见闻寻》）

【点评】

灵巧+智慧+勤练=长安女子绳技表演!

169. 曹赞水上表演

【智慧故事】

洪州有个演员叫曹赞，身高接近七尺，识字且聪明，各种滑稽表演他都擅长。还擅长水上表演，能爬上百尺高的桅杆，不脱衣服，纵身往下跳，然后端正地坐在水面上，仿佛坐在席垫上一样。

他还能穿着靴子在水面上行走，有时叫人用布袋装着自己，把袋口扎紧，漂浮在水面上，然后自己解开袋口出来。至于在水中翻转沉浮，那就更加千变万化了。

观看的人目瞪口呆，神情惊恐，没有人估计到竟会如此惊险。不知曹赞是否有特殊的训练方法才能达到这种地步，要不然真是在玩命了！

【故事出处】

洪州（今江西南昌市）**优**（演员）**曹赞者，长近七尺，知书**（识字）**而多慧，凡诸**（各种）**谐戏**（滑稽表演），**皆尽其能。又善水嬉，百尺樯**（qiáng，桅杆）**上不解衣，投身而下，正坐**（端正地坐着）**水面，若在茵席**（席垫）。**又于水上靴**（穿着靴子）**而浮，或**（有时）**令人以囊**（布袋）**盛**（装）**之，系其囊口，浮于江上，自解其系。至于回旋**（翻腾旋转）**出没**（或浮或沉），**变易**（改）**千状，见者目骇**（看了害怕）**神竦**（惊恐），**莫能测之。恐有他术**（方法）**致之**（达到这地步），**不尔**（不这样）**真轻生也！**

（节选自《因话录》）

【点评】

如此高人，胆大心细，绝无仅有！

170. 捏塑能手江凤光

【智慧故事】

福建连城的江凤光，擅长雕刻与捏塑人像。他的技艺有内功和外功之分，都达到登峰造极的地步。所谓“外功”，是指众人可以看着他雕刻；“内功”就是捏塑，手里拿着一团泥巴，把它藏在袖子里，然后注视着要捏塑的对象，专心致志地在袖子里捏塑，等到拿出袖子，神态相貌都惟妙惟肖。

他曾经游历广东，住在旅馆里，旅馆的对面有个姓黄的开了一家店铺，店里藏着一件古玩，价值千金。有人借古玩观看，当时很多人围聚在一起，仿佛一堵墙。那古玩被人辗转传看，最后被某乙悄悄地带走了。

这件事刚好被在旅馆屋檐下的江凤光看到了。后来姓黄的找不到这件古玩了，懊悔得几乎要寻死。

江凤光对姓黄的说：“我刚好看到那个带走古玩的人，但讲不出他的姓名。请让我捏塑出他的相貌代替我用语言来表达，行吗？”姓黄的当然同意。

于是江凤光拿来一团泥捏塑出某乙的相貌，交给姓黄的看，并说：“偷你古玩的就是这个人。”

姓黄的一看就惊叫起来：“这是我邻居某乙。”马上奔到某乙家中讨回古玩。某乙不敢撒谎，只好把古玩还给他。

江凤光从此名声大振。

【故事出处】

连城(今福建连城县)**江凤光，工**(擅长)**雕刻捏塑。其学**(技艺)**有内外功，皆造**(达到)**其极。外功者，雕刻之显著者也；内功为捏塑，手取丸泥袖中，注视其人，凝神捏之，及出袖，宛肖**(极相像)**神貌。**

尝游粤中，寓逆旅（旅馆），对面有黄姓铺，蓄一古玩，价值千金。或（有人）借观之。时人众环聚（围绕着）如堵墙。辗转传观，最后为某乙携之以去。江在旅邸（dǐ，旅馆）檐下见之。既而（不久）黄索物不得，懊恨欲死。江言于黄曰："我适（刚才）见其人，而不能述其姓名也。请以像代言之，可乎？"乃取泥肖（捏像）乙貌而与之曰："盗君（你）者此人也。"

黄视之惊曰："此吾邻某乙也。"急至乙家索之。乙不敢欺，璧返（完整地归还）焉。

江名由是（从此）大噪。

（节选自《近人笔记大观》）

【点评】

泥塑并不难，难在"袖塑"，神在惟妙惟肖！

171. 京中有善口技者

【智慧故事】

京城里有擅长表演口技的人。遇到有人家大宴宾客，就在大厅的东北角，安置八尺高的屏风，表演口技的人坐在屏风后面，里面只放一张桌子、一把椅子、一柄扇子和一块醒木罢了。宾客们围着坐好。一会儿，只听得屏风后醒木敲了一下，满场静悄悄的，没有一个人大声谈笑。

只听得遥远的深巷中有狗叫声，女人惊醒了，打着哈欠，伸着懒腰。丈夫还在说梦话。一会儿一个儿子醒了，丈夫也醒了。女人拍着孩子喂奶，孩子含着奶头哭，女人一面拍着孩子，一面呜呜地哄孩子睡觉。又一个大孩子醒了，絮絮叨叨说个不停。在这时候，女人用手拍儿子的声音，嘴里呜呜地哄孩子的声音，孩子含着奶头啼哭的声音，大孩子刚醒的声音，丈夫呵责大儿子的声音，同时传出来，各种声音都惟妙惟肖。满场宾客，有的伸长头颈听，有的侧着头看，有的微笑，有的默默地赞叹，都认为精彩极了。

不多时，丈夫响起了鼾声，女人拍孩子拍着拍着也渐渐地停了下来。轻轻地听到有老鼠窸窸窣窣的活动声，接着是打翻了坛坛罐罐，女人在睡梦中咳嗽。听众们这才心情放松，渐渐坐正了。

忽听得有人大喊“起火啦”，丈夫爬起来大喊，女人也爬起来大喊。两个孩子一齐哭了。一会儿，成百上千的人大喊，成百上千的孩子在哭，成百上千的狗在叫。其中夹杂着劈里啪啦房屋倒塌的声音，烈火燃烧后爆裂的声音，呼呼刮风的声音，千百种声音一齐发出；又夹杂着成百上千求救的声音，人们拉倒房屋时一齐用力呼喊的声音，抢夺器物的声音，救火时泼水的声音。凡是大火中应有的声音，没有一种声音没有的。即使一个人有一百只手，一只手长一百个指头，也指不清其中是哪一种声音；即使一个人长了一百张嘴，一张嘴里有一百个舌头，也说不明是哪一种声音。这时候宾客们没有不变了脸色的，都想离开座位，个个卷起衣袖，露出手臂，两腿颤抖，几乎要争先逃走。

忽然，只听得醒木“啪”的一声，各种声音全都消失。撤去屏风一看，只有一个人、一张桌子、一把椅子、一柄扇子和一块醒木罢了。

【故事出处】

京（京城。此指北京）**中有善**（擅长）**口技者。会**（适逢）**宾客大宴，于厅事**（客厅）**之东北角，施**（设）**八尺屏障**（屏风），**口技人坐屏障中，一桌、一椅、一扇**（扇子）、**一抚尺**（醒木）**而已**（罢了），**众宾团坐**（围坐）。**少顷**（一会儿），**但闻屏障中抚尺一下**（敲一下），**满座寂然**（寂静的样子），**无敢哗**（高声谈笑）**者。**

遥（远远地）**闻深巷中犬吠**（狗叫），**便有妇人惊觉**（醒）**欠伸**（打哈欠，伸懒腰），**其夫呓语**（说梦话）。**既而**（不久）**儿醒，大啼。夫**（丈夫）**亦**（也）**醒。妇抚**（拍）**儿乳**（喂奶），**儿含乳啼，妇拍而呜之**（轻声拍儿子哄儿子入睡）。**又一大儿醒，絮絮**（连续不断小声说话）**不止。当是**（这）**时，妇手拍儿声，口中呜声，儿含乳啼声，大儿初醒声，夫叱大儿声，一齐奏发，众妙毕**（全）**备。满座宾客无不伸颈**（伸长头颈），**侧目**（偏着头看），**微笑，默叹**（默默地赞叹），**以为绝**（极）**妙。**

未几（不多时），**夫齁**（hōu，打鼾）**声起，妇拍儿亦渐拍渐止。微闻有鼠作作索索**（象声词）**盆器倾侧**（倾斜翻倒），**妇梦中咳嗽。客意**（心情）**少舒**（稍微放松），**稍稍**（渐渐地）**坐正。**

忽一人大呼“火起”，夫起大呼，妇亦起大呼。两儿齐哭。俄而（一会儿）**百千人大呼，百千儿哭，百千犬吠。中间**（jiàn，其中夹杂）**力拉**（象声词）**崩倒**（倒坍）**之声，火爆**（爆裂）**声，呼呼风声，百千齐作**（发）；**又夹百千求救声，曳屋**（拉倒房屋。曳，yè）**许许**（象声词）**声，抢夺声，泼水声。凡所应有**（凡是火烧房屋时应有的声音），**无所不有。虽**（即使）**人有百手，手有百指，不能指其一端**（一种声音）；**人有百口，口有百舌，不能名**（说明）**其一处也。于是宾客无不变色离席**（座位），**奋袖出臂**（捋起袖子，露出手臂），**两股**（腿）**战战**（发抖），**几**（几乎）**欲先走**（逃）。

忽然抚尺一下(敲了一下),**群响**(很多响声)**毕绝**(全部消失)。**撤屏视之,一人、一桌、一椅、一扇、一抚尺而已。**

(节选自《虞初新志》)

【点评】

如此口技,世上几人能表演!

172. 崔彭百发百中

【智慧故事】

隋文帝曾经在武德殿设宴招待突厥头领可汗派出的使者，有鸽子在屋梁上鸣叫。

隋文帝命令崔彭用箭射它，一举击落。文帝非常高兴，赏赐给他铜钱百万。

突厥使者回去后，可汗又另派使者来见隋文帝，说："我们可汗希望能与崔将军见上一面。"

文帝说："这一定是崔彭高超的射技被可汗听到了，所以特地派人来请他。"于是就让崔彭出使突厥。

崔彭到达塞外后，可汗把数十个射雕高手招集起来，把肉抛掷在荒野，让老鹰来吃，同时派善于射箭的人射它们，大多没射中。

可汗再请崔彭发箭，他连发数箭，箭箭击中飞鹰，突厥的弓箭手惊讶得面面相觑，没有人不感叹佩服的。

【故事出处】

上（指隋文帝杨坚）**尝**（曾）**宴可汗使者于武德殿，有鸽鸣于梁上。上命崔彭射之，既**（已）**发**（发射）**而中。上大悦，赐钱百万。**

及（等到）**使者反**（同"返"，回去）**，可汗复遣**（派）**使于上曰："请**（希望）**得**

(能够)**崔将军一与相见。”上曰:“此必善射闻于虏庭**(敌人的朝廷)**所以来请耳。”遂遣之**(打发崔彭出发)。

及至,可汗召善射者数十人,因掷肉于野,以集飞鸢(yuān,老鹰),**遣其善射者射之,多不中。复请崔彭射之,彭连发数矢**(箭),**皆应弦**(随着弦声)**而落,突厥相顾**(看),**莫不叹服。**

(节选自《隋书》)

【点评】

突厥人善射,崔彭远在他们之上!

六、能工巧匠

173. 蔡伦造纸

【智慧故事】

自古以来书籍、契约等文字记载，多用竹简编排，其中也有在丝织品上书写的。丝织品代价比较贵，而竹简又厚重，都不方便。

东汉的蔡伦创新，用树皮、麻及破布、破鱼网制造成纸。

公元105年，他把造的纸献给皇帝。皇帝认为他很有才能，从此以后人们都跟着用纸了。

皇帝封他为“龙亭侯”，所以当时都把纸称为“蔡侯纸”。

【故事出处】

自古书（书籍）**契**（qì，合同之类），**多编以竹简，其用缣**（jiān，细密的绢）**帛**（丝织品的总称）**者谓之“纸”。缣贵**（价高）**而简重**（分量重），**并**（都）**不便于人。伦**（蔡伦）**乃造意**（创新），**用树肤**（皮）、**麻头**（麻的剩余物）**及敝布**（破麻衣）、**鱼网**（指破网）**以为**（制造）**纸。**

元兴（汉和帝年号）**元年**（指公元105年），**奏上之**（把这事报告皇上）。**帝善**（认为……好）**其能，自是**（从此）**莫不从**（跟着）**用焉**（指代纸）。

故天下咸（都）**称“蔡侯纸”。**

（节选自《后汉书》）

【点评】

创新是聪明人的最大特点！

174. 喻皓建塔

【智慧故事】

在我国古代，石塔、砖塔常见，而木塔罕有。

五代末年，占据浙江的吴越王钱俶（chù）命令工匠在杭州梵天寺里建造一座木塔。刚造了三层，钱俶就兴致勃勃地去观赏。可是一群人刚踏上第二层，就觉得脚下微微有些晃动，上第三层时，摇动更明显了。钱俶顿时敛容，露出不悦的神色。匠师见此，连忙走上去抱歉地说：“塔上还没铺瓦，顶太轻，所以会感到摇动。”

几天以后，塔顶上铺了瓦，可是人走上去仍然摇动。匠师苦苦思索，终究一筹莫展。

这怎么办呢？匠师和其他的工匠们十分紧张，他们怕钱俶来问罪，最后匠师找到了喻皓。喻皓是浙东人，是当时著名的建筑工匠，他说：“这很容易，只要逐层铺上木板，用铁钉严严实实地钉牢，再高的木塔也不会摇动。”

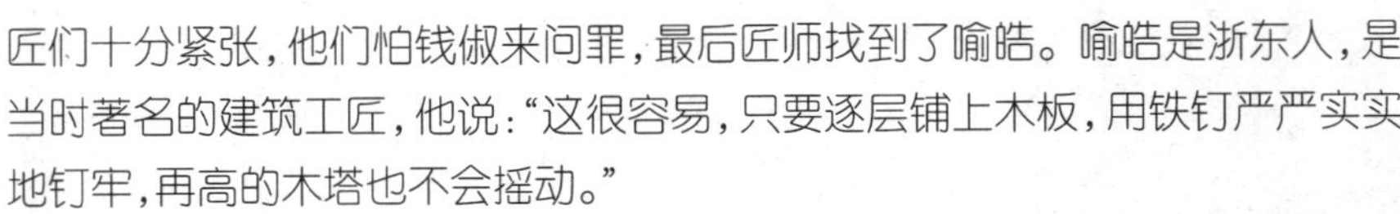

匠师遵照喻皓的话做了，木塔果然稳稳当当纹丝不动了。原来，铺上木板钉牢后，木塔每层都像上下左右前后紧紧相连的箱子，六面互相牵制，再多的人踩在板上，也不会动摇。

以后，喻皓用了八年时间在开封设计建造了开宝寺塔。那是我国建筑史上的杰作。开宝寺塔八角十三层，高三十六丈。由于开封地处平原，多西北风，他设计时特意让塔身向西北倾斜，并预计在风力的作用下，经过一百年时间，塔身可以笔直。后来的事实证明了喻皓的预见。喻皓不愧为杰出的建筑学家。

【故事出处】

钱氏(指五代时占据浙江的吴越王钱俶)**据两浙**(浙东、浙西)**时，于杭州梵天寺建一木塔，方**(刚)**两三级**(层)，**钱帅**(指钱俶)**登之，患其塔动。匠师云："未布**(铺)**瓦，上轻，故如此。"乃以瓦布之，而动如初。无可奈何，密使其妻见喻皓之妻，贻**(yí，赠送)**以金钗，问塔动之因。皓笑曰："此易耳，但**(只要)**逐层布板讫**(毕)，**便实钉之，则不动矣。"匠师如**(遵照)**其言，塔遂定。盖**(因为)**钉板上下弥束**(束缚很紧)，**六幕**(上下左右前后六面)**相联如胠箧**(qū qiè，打开的箱子)，**人履其板，六幕相持，自不能动。人皆伏**(服)**其精练。**

(节选自《梦溪笔谈》)

开宝寺塔，在京师(京城。此指开封)**诸**(众)**塔中最高，而制度**(规模格局)**甚精，都料匠**(大木匠，负责审察材料的人)**喻皓所造也。塔初成，望之不正，而势倾西北，人怪**(感到奇怪)**而问之。皓曰："京师地平无山，而多西北风，吹之不百年，当**(会)**正**(直)**也。"其用心之精盖如此。**

(节选自《归田录》)

【点评】

巨匠有高招!

175. 杨务廉刻木僧"布施"

【智慧故事】

唐人杨务廉有很多巧妙的构思。

他曾经在沁州市内用木头雕刻了一个和尚。和尚手中拿着一只碗，自己能乞讨。只要有人向碗里投掷钱币，隐藏在木和尚肚里的机关就会启动，自然地发出乞讨的声音："布施，布施。"

城市里的人争着观看，个个希望木和尚发出声音，因此每天有数千人施舍。

【故事出处】

杨务廉甚（很）**有巧思，常**（同"尝"，曾经）**于沁州**（今山西、河南交界处，治所在沁源县）**市内刻木作僧，手执**（拿着）**一碗，自能行乞**（乞讨）；**碗中投钱**（铜钱），**关键**（机关）**忽发**（启动），**自然作**（发出）**声，云**（说）：**"布施**（施舍）。**"市人竞**（争着）**观，欲其**（指代木僧）**作声，施者**（施舍的人）**日盈**（满）**数千。**

（节选自《朝野佥载》）

【点评】

我国古代早就有机械人，炎黄子孙何其聪明！

176. 李氏木刻钟馗杀鼠

【智慧故事】

宋朝庆历年间，有个姓李的方士，擅长巧妙构思。

他曾经用木头雕刻了一尊手舞足蹈的传说能降魔伏妖的钟馗（kuí）像，高两三尺，右手拿着铁尺，左手掌伸开，掌中放了香饵。老鼠想偷吃香饵，会沿着左手爬上去，待爬到掌上便被掐住，右手立即用铁尺击毙它。

真是巧妙之极。

【故事出处】

庆历（宋仁宗年号）**中**（年间），**有一术士，姓李，多巧思。尝**（曾）**木刻一舞钟馗，高二三尺，右手持**（拿着）**铁简**（尺），**以香饵**（诱饵）**置**（放）**钟馗左手中。鼠缘**（沿着）**手取食，则左手扼**（掐住）**鼠，右手用简毙之**（杀死它）。

（节选自《梦溪笔谈》）

【点评】

不输于现代机器人！

177. 曹绍夔捉“鬼”

【智慧故事】

明朝时期，洛阳有个和尚在市场上买了一只磬（qìng）子，可是不等他念经敲击，磬子里竟“嗡嗡”地发出声音来了。

“奇怪，哪来的声音？”和尚左看右看、反复揣摩，始终找不出什么原因。即使将磬子从几案搬到床头，它还会不时发出“嗡嗡”的声音。和尚认为磬子里一定藏着什么怪物，几天之内他心神不宁、坐卧不安，终于吓出一场病来。

寺庙里的住持和尚，找有法术的人捉“鬼”，可是各种方法都用过，“鬼”还是捉不掉——磬子仍发出“嗡嗡”的声音。

和尚有个朋友叫曹绍夔（kuí），是个乐师。一天，曹绍夔来看望和尚，并询问得病的原因。和尚把前因后果说了一遍。曹绍夔是不相信有鬼怪的，他认为一定有其他原因。他们谈着谈着，吃晚饭的时间到了，寺庙里响起“噔噔”的钟声，曹绍夔正站起身来要走的时候，磬子里发出“嗡嗡”的声音。和尚颤抖着说：“又来了，又来了。”曹绍夔凝神一想，豁然开朗了，笑着对和尚说：“有办法了，有办法了！你明天准备一桌丰盛的酒席招待我，我保证给你把‘鬼’捉掉。”和尚将信将疑，但他渴望着自己的病早日痊愈，就答应了曹绍夔的要求。

第二天，曹绍夔准时来到寺庙里，他吃喝完毕，从胸怀里取出一把锉刀，在磬子上重重地锉了几下后，说："'鬼'捉掉了。"

自从磬子给曹绍夔锉了几下后，果然再也没有"嗡嗡"的声音。和尚再三追问那是什么道理。曹绍夔说："这磬子和寺庙里的钟的音律（即振动的频率）相同，因此只要大钟一响，磬子也会发出声音。我用锉刀锉了它几下，音律不齐了，所以再也不会跟着大钟发出声音了。"

和尚解开了心头的疙瘩，病很快就好了。

【故事出处】

洛阳有僧，房中有磬（和尚做佛事用的一种敲击法器，铜制，形似钵），**日夜辄**（zhé，往往）**自鸣。僧以为怪，惧而成疾。求术士**（这里指迷信中"捉妖"的人）**百方**（各种方法）**禁之**（阻止它发声），**终不能已**（停止）。

夔（指曹绍夔）**与僧善**（友好），**来问疾，僧俱**（一一地）**以告。俄**（不一会），**击斋钟**（寺庙里开饭的钟。斋，zhāi），**磬复作**（发出）**声。绍夔笑曰："明日可设盛馔**（zhuàn，丰盛的菜肴），**当为除之。"僧虽不信绍夔言，冀**（希望）**其或效**（或许有效验），**乃具**（准备）**馔以待之。**

夔食讫（完毕），**出怀中错**（同"锉"，即锉刀），**鑢**（lǜ，锉磨）**磬数处，其响遂绝。僧苦问**（再三询问）**其所以**（原因），**夔云："此磬与钟律**（音律，这里指振动的频率）**合**（相同），**击彼**（那。指钟）**此应**（应和）。"**僧大喜，其疾亦愈。**

（节选自《稗史汇编》）

【点评】

曹绍夔靠物理知识驱"鬼"！

178. 蒲元识水

【智慧故事】

蜀国的蒲元，天资聪明，有很多奇思妙想。

他在斜谷为诸葛亮铸了三千把刀。刀造成后，他说汉江里的水软弱——含钙盐、镁盐较少，不适宜用来淬火，要用蜀江里的水淬火，这样的刀才坚硬锋利。于是叫人到成都去取江水。

水取回后，蒲元用它淬刀。他发觉不对，说水里夹杂着涪（fú）江里的水，不能用。前往成都取水的人强调没有夹杂其他的水。蒲元用刀划水，说夹杂八升水。这下取水的人服了，叩头说："我在涪水渡口打翻了水桶，就用八升涪水充满了桶。"

【故事出处】

君（指蒲元）**性**（天资）**多奇思，于斜谷**（在陕西终南山。诸葛亮伐魏时曾于此屯兵）**为诸葛亮铸刀三千口**（把）。**刀成，自言汉水钝弱**（指水质软），**不任**（用来）**淬**（cuì，淬火。金属加工中的一种工艺），**蜀江爽烈**（指水质硬）。**乃命人于成都取江水。君以**（用来）**淬刀，言杂**（夹杂）**涪水，不可用。**

取水者捍言（强调）**不杂。君以刀画**（划）**水，言杂八升**（旧时量器）。**取水都叩头云**（说）：**"于涪津**（渡口）**覆**（打翻）**水，遂以涪水八升溢**（充满）**之。"**

（节选自《能改斋漫录》）

【点评】

简直到了神乎其神的地步！

179. 怀丙河中出铁牛

【智慧故事】

在山西省永济县境内，北宋时曾有一座奇特的浮桥。设计这座桥的人怕它被水冲走，特地在河的两边铸造了八头大铁牛，每头铁牛都有好几万斤。浮桥用铁链牢牢地拴着铁牛，因此很稳固。

后来有一次，上游突然发洪水，汹涌澎湃的急流冲断了浮桥，把拴住浮桥的铁牛拖沉到河底去了。

大水过后，官府出钱，招募能将大铁牛从河底里捞起来的人。这时，有个叫怀丙的和尚，他说他有办法捞起铁牛。官府答应让他试试。

怀丙先探测到铁牛沉没的地点，接着雇了两艘大船，船舱里装满了泥土，驶到沉铁牛的水面上。他叫人在两艘船之间用大木头搭起一个架子，像一杆秤，再在“秤杆”上系着铁链，铁链的一头钩住河底的铁牛。这一系列的准备工作做好后，怀丙便叫人将两艘船中的泥一筐一筐扔进河里。

船载重减轻了，船身慢慢地向上浮起，“秤杆”上钩着的铁牛也逐渐上升。等到船上的泥扔完，铁牛的背已露出水面。船驶近河岸，铁牛也随着拖到了岸边。

【故事出处】

河中府（今山西永济市）**浮梁**（浮桥）**用铁牛八维**（系住）**之，一牛且**（将近）**数万斤。后水暴**（突然）**涨绝梁**（浮桥被冲断），**牵牛**（牵动岸上的铁牛）**没**（沉）**于河，募能出之**（将铁牛从河中捞起来）**者。**

怀丙（北宋人，和尚，是个工程家）**以二大舟实土**（装满泥土），**夹牛维之，用大木为权衡状**（做出像用秤称东西的样子）**钩牛，徐**（慢慢地）**去**（抛弃）**其土，舟浮牛出。**

（节选自《宋史》）

【点评】

借浮力吊起铁牛，这办法真神！

180. 游僧荐重元寺阁

【智慧故事】

苏州重元寺里的一座楼阁突然向一边倾斜了，如果要将它扶正荐直，仅人工和材料费就得花上几百万铜钱，这对依靠香客施舍来维持的寺庙来说，是怎么也办不到的。

荐阁的事就这样一个月两个月地拖下去了。

一天，寺庙里来了个游方和尚。重元寺里的住持和尚陪着他参观，当他们经过那倾斜的楼阁时，住持和尚又不免为修复之事叹了一番苦经。

游方和尚是个热心人，懂得一些土木工程的事。他走进楼阁，仔细观察了一番，说："不必大动土木。"

"莫非师父有简便的方法可以修复？"住持和尚急切地问。

"有。"游方和尚说，"只要请个人，每天削几十块木楔，用锄头敲进去，就可以荐直。"

住持和尚听从他的建议，每天吃完饭，叫几个和尚拿着十块木楔，登上楼阁，把它敲进缝里。不到一个月，倾斜的柱头全部荐直了。

【故事出处】

苏州重元寺阁一角忽垫(陷)。**计其扶荐**(扶正荐直)**之功，当用钱数千**

贯（古代一千个铜钱为一贯）。**有游僧**（游食四方的和尚）**曰："不足劳人。请一夫斫**（zhuó，削）**木为楔**（xiē，一头厚一头薄的木片，俗称楔子），**可以正也。"寺主从之。僧每食毕，辄持楔数十，执柯**（斧柄。此指斧头）**登阁，敲椓**（敲打。椓，zhuó）**其间。**

未逾（超过）**月，阁柱悉正。**

（节选自《国史补》）

【点评】

小成本大收获！

181. 黄怀信凿澳修龙船

【智慧故事】

宋朝初年，浙江的地方官给皇上造了一艘龙船，长二十多丈，分为上下两层。上层装饰得富丽堂皇，像宫殿一样，有专用的卧室，供皇帝游览各地时休息。几十年之后，船底开始腐烂了，想修理一下，可是船在水中，无法施工。

宋神宗时，有个太监叫黄怀信。他吸取了前人修船的经验，创建了世界第一个船坞。他的办法是先在京城开封西面的金明池边上开凿一个“澳”——水边凹进去可以停船的地方，在澳里打上数十根露出地面一二丈的大木桩，木桩上横着粗木头作为梁，然后将金明池水放进澳里，澳顿时成了一个近一百平方丈的河浜。龙船驶进澳里，浮在横梁上，只要将澳中的水戽（hù）干，船就搁在横梁上，仿佛挂在半空中似的。这样，工匠们便可以极其方便地在陆上修船底了。

龙船修理结束，打开闸门将金明池水灌进澳，船就浮起来了。最后在澳上造一屋顶把它盖起来，这就成了室内船坞，龙船停泊在船坞里，再也不用担心日晒雨淋了。

【故事出处】

国初（宋朝初年），**两浙**（浙东、浙西）**献龙船，长二十余丈，上为宫室层楼，**

设御榻（皇帝用的卧榻）**以备游幸**（皇帝到各处游览）。**岁久，腹败**（底部腐烂）**欲修治**（修理），**而水中不可施工。**

熙宁（宋神宗年号）**中**（年间），**宦官**（太监）**黄怀信献计：于金明池北凿大澳**（水边凹进去可以停船的地方），**可容**（容纳）**龙船。其下置柱，以大木梁**（架梁）**其上，乃决**（排放）**水入澳，引船当**（搁）**梁上，即车**（戽）**出澳中水，船乃笐**（hàng，架）**于空中。完补**（修补）**讫**（毕），**复以水浮船，撤去梁柱。以大屋蒙**（覆盖）**之，遂为藏船之室，永无暴露**（日晒雨露）**之患**（为害）。

（节选自《梦溪笔谈》）

【点评】

既修了龙船，又盖了船坞，一举两得！

182. 杨佐修盐井

【智慧故事】

陵州有盐井，深五十丈，都用石块铺垫做底，井壁用柏木作支撑，从井底一直铺到井口，用长长的绳子挂下去，方能打得井水。年月久了，支撑井壁的柏木腐朽了，想掉换它，然而井中阴气升腾而上，人下井就死。只有到下雨时，阴气随之而下沉，勉强可以施工，一到天晴就得马上停工。

杨佐到陵州做官后，得知此事，经实地考察，他叫工人用木盘子贮水，从井口的空隙处不断往下洒，仿佛雨水滴落的样子，使阴气下沉，工人也随时可以下井操作。

经过几个月修理，井壁焕然一新，像早先一样可以取水煮盐了。

【故事出处】

陵州（今四川仁寿县）**有盐井，深五十丈，皆石作底，用柏木为干**（支撑），**上出井口，垂**（挂）**绠**（gěng，汲水桶上的长绳子）**而下，方**（才）**能得水。岁久，干摧**（折断）**败**（坏），**欲易**（更换）**之，而阴气腾上**（往上升），**人者辄**（就）**死；惟**（只有）**天雨则气**（指阴气）**随以**（而）**下，稍能施工，晴则亟**（立刻）**止。**

佐（杨佐）**官**（做官）**陵州，教工人用木盘贮**（存）**水，穴隙**（孔隙）**洒水，如雨滴然**（……的样子），**如是累月**（好几个月），**井干一新，利**（得益）**复**（恢复）**其旧**（早先）。

（节选自《智囊》）

【点评】

小智谋解决了大难题！

183. 工匠铸鉴

【智慧故事】

古人铸造铜镜，镜面大就铸造得平，境面小就铸造得凸起。

凡是镜面凹下去的，照出的人面就大，镜面凸出的，照出的人面就小。可是小镜子无法把人面全部映出来，所以铸造时总要让镜面微微凸起，收进去的人面也就小，那么镜子虽然小却能把人面全部容纳进去。还要再测量镜子的大小，调节镜面凹凸的程度，要使人面与镜子大小差不多。这是工匠的巧妙与智慧。

后代人铸造不出，等到得到古镜，都刮磨使镜面平整，实在是不知道古人铸镜的奥妙！

【故事出处】

古人铸（熔铸）**鉴**（铜镜），**鉴大则平**（面平），**鉴小则凸。凡鉴洼**（凹）**则照人面大，凸则照人面小。小鉴不能全视人面，故令微凸，收人面令**（使）**小，则鉴虽小而能全纳**（容纳）**人面。仍**（还要）**复**（再）**量鉴之小大，增损高下**（调节镜面凹凸程度），**常令人面与鉴大小相若。此工**（工匠）**之巧智。后人不能造，比**（等到）**得古鉴，皆刮磨令**（使）**平。**

（节选自《梦溪笔谈》）

【点评】

智者与庸人在铸镜上泾渭分明！

184. 丁谓修皇宫一举三得

【智慧故事】

宋朝真宗年间，皇宫里发生火灾，烧毁了几座殿堂和楼阁。皇帝责成宰相丁谓迅速修复。

丁谓在考虑修复宫室时，遇到三件难事。第一，取土难。筑墙等，要用大量泥土，而皇宫里没有多余的泥土，因此得从几十里外的城外去运土。第二，运输难。大批的竹、木从各地经水路运到开封后，只能停在城外，这些竹、木从城外运到工地，既花劳力又花钱。第三，销毁垃圾难。烧毁的宫室残留下的砖瓦灰土要运出城，也不是一件简单的事。

丁谓苦苦思索，终于想出了一个妥善的办法。他先安排一万来名役工在皇宫前面的大路上挖土，将土运到工地。因此没有几天，一条大路就成了宽阔的深沟，修复宫殿所需要的泥土绰绰有余。接着，他下令把深沟和城外的汴水挖通。汴河里的水哗哗地流入深沟，原来的深沟顿时成了大河。这样，停泊在城外汴河里的竹筏、木筏便可直接驶到皇宫大门口。从皇宫大门口再运到施工地点，就方便得多了。

修复宫室的工程进展得很快，比预定时间大大提前了。宫室修复后，余下的焦木废土和灰沙，全部填进深沟里。不几天，一条大河又恢复为一条平整的大路了。

丁谓施工，一举三得：既解决了取土、运输等问题，又解决了瓦砾灰壤的处理问题；既节省了人力、物力和财力，又加速了工程进度，所以他的经验至今还受到建筑学家们重视。

【故事出处】

祥符（宋真宗年号）**中**（年间），**禁中**（宫中）**火**（失火），**时丁晋公**（丁谓，当时任宰相）**主营**（主管）**复**（修复）**宫室，患**（担忧）**取远土。公乃令凿通衢**（qú，大道）**取土，不日皆成巨堑**（qiàn，深沟）。**乃决**（排放）**汴水入堑中，引诸道**（各路）**竹木排筏及船运杂材，尽自堑中入至宫门。事毕**（宫殿修复完毕），**却**（再）**以斥弃**（把无用的要抛弃的）**瓦砾灰壤实**（填进）**于堑中，复为**（又成为）**街衢。一举而三役**（三件工程，指取土、运输及瓦砾灰壤的处理）**济**（成），**计省费以亿万计。**

（节选自《梦溪笔谈》）

【点评】

丁谓懂得统筹法！

185. 尹见心水中锯树

【智慧故事】

尹见心做知县时，县城近河。河里有一株树，是从水里长出来的，已有好多年，经常有船被撞坏。

尹见心叫人把树砍掉。百姓说："树根长在水中，而且很牢固，没法砍掉。"这怎么办呢？

尹见心派一个会潜水的人，下水测量那树的长短，然后用杉木制成一个大桶，比那树略长一点，两头是空的，接着把杉木桶从树梢套下去，直插到水底，待固定下来后，再用大水瓢把木桶中的水舀干。人就从木桶下到水底，把树锯断了。

从此船只顺利通行，船夫们再也不用提心吊胆了！

【故事出处】

尹见心为知县（即县令），**县**（县城）**近河。河中有一树，从水中生，有年**（多年）**矣，屡屡坏人船。见心命去之**（把它除去）。**民曰："根在水中甚固，不得**（能）**去。"**

见心遣（派）**能入水者一人，往量其长短若干。为**（制作）**一杉木大桶，较木稍**（稍微）**长，空其两头**（使两头空），**从树梢穿下，打入水中。因以巨瓢尽涸其水**（把木桶中的水舀干），**使人入而锯之，木遂断。**

（节选自《智囊》）

【点评】

只要开动脑筋，办法总是会有的！

186. 河中石兽上游觅

【智慧故事】

在河北沧州县南面，有一座古庙，坐落在河边，因为年久失修，山门倒塌在河里，门口的两只石狮子也一块儿沉到河里去了。十多年后，庙里的和尚募捐到了一笔钱，准备重新修建山门。他想到石狮子掉在河里，便在倒塌的河岸下边寻找，结果一无所得。和尚怀疑石狮子可能被水冲到下游去了，就雇了几条小船，船上牵引着铁钯，在下游寻找，可是循河寻找了十多里，仍不见踪迹。

石狮子沉到哪里去了呢？

一天，庙里来了一位讲佛经的人，他听到和尚在寻找石狮子，便笑着说："糊涂，糊涂！你们不懂得物体运动的原理。这石狮子又不是木片之类的东西，怎会被河水冲走呢？石头是很坚硬的东西，而泥沙松散轻软，石狮子沉落在泥沙上面，只会越陷越深。你们顺着河水到下游去寻找，岂不荒唐吗？"

"说得好，高见！"和尚与众香客们佩服他的论断。

正当和尚要请人从河底里挖开泥沙寻找石狮子时，有个老河工来了。他说："听说你们要从泥沙里找石狮子？"

"是的。我们在下游找了十多里路没找到。"和尚说。

"不行。"老河工说。

"为什么？"

老河工说："凡是石头掉进河里，应该到河的上游去找。"

"真的？！"和尚与众香客惊讶地问。

"我还会骗你们？我治水几十年啦，见得多了。"老河工微笑着说，"因为石性坚硬，河水冲不动它。水流遇到石头后，产生一股反激力量，会在石头下面迎水的地方将泥沙冲走。时间一长，石下出现了一个小坑。这坑越冲越深，冲到石头半腰时，石头便倒进坑里。像这样，河水不断地冲走泥沙，石头不断地转动，于是石头就逆水而上了。你们早先到下游去寻找，当然不对，但要到石狮子倒下去的泥沙里去寻找，也是荒唐的。”

和尚与众香客们开始还有点半信半疑，结果真的在上游几里外的地方找到了石狮子。大家这才信服老河工的智慧和经验。

【故事出处】

沧州（今河北沧州市）**南，一寺**（庙）**临**（靠近）**河干**（岸），**山门圮**（pǐ，倒塌）**于河，二石兽并沉焉。阅**（经历）**十余岁，僧募金重修，求**（寻找）**二石兽于水**（河）**中，竟**（终）**不可得。以为**（认为）**顺流下矣，棹**（zhào，桨，此指划着）**数小舟，曳**（yè，拖）**铁钯，寻十余里，无迹。**

一讲学家（讲解佛经的人）**设帐**（设立讲席）**寺中，闻之笑曰：“尔辈**（你们）**不能究**（研究）**物理**（物体运动的道理），**是非**（这不是）**木柹**（fèi，削下的木片），**岂能为**（被）**暴涨**（指潮水）**携之去？乃**（相当于“盖”，大凡）**石性坚重，沙性松浮**（轻），**湮**（yān，沉落）**于沙上，渐沉渐深耳。沿河求之，不亦颠**（diān，荒唐）**乎？众服为确论**（正确的话）。

一老河兵（治河有实践经验的人）**闻之，又笑曰：“凡河中失石，当求之于上流**（游）。**盖**（大凡）**石性坚重，沙性松浮，水不能冲石，其反激**（冲）**之力，必于石下迎水处啮**（niè，啃咬）**沙为坎穴**（坑洞），**渐激渐深，至石之半，石必倒掷坎穴中。如是再啮，石又再转，再转不已**（停），**遂反溯流**（与水流相反）**逆**（迎水）**上矣。求之下流，固**（本）**颠；求之地中，不更颠乎？”**

如其言，果得于数里外。然则天下之事，但（只）**知其一，不知其二者多矣，可据理**（根据常情）**臆断**（主观武断）**欤**（吗）？

（节选自《阅微草堂笔记》）

【点评】

还是要靠知识解决问题！

187. 庞安时针灸催生

【智慧故事】

庞安时是宋朝的名医，他以胆大心细和独特的治疗方法出名。

他小时候记忆力很强，凡是读过的书都能牢牢记住。他父亲是祖传的医生，很早就向庞安时传授按脉的秘诀，可是庞安时不以为奇，说：“这秘诀不值得采用。”他特别喜欢古代医学家黄帝、扁鹊的医书。经过几年的刻苦学习，达到了融会贯通的地步，而且常有独特的见解。这些独特的见解，别人无法驳倒。他的父亲为之大惊。当时庞安时还不到二十岁。

有一年，庞安时行医到安徽桐城。当地有个孕妇，产期已到，肚子痛了七天七夜，可是婴儿始终生不出来。家族请巫婆来招神求鬼，又请医生来按脉开药方，都没有效验。家属认为婴儿已死在产妇肚里了，他们只求保住产妇的生命。而产妇呢，已痛得筋疲力尽、奄奄一息了。

庞安时有个徒弟正住在那产妇家的附近。他想起了老师的高明的医术，便连夜赶往桐城，请庞安时去看一看。安时是个乐意行善的人，立刻赶到产妇家。他经过观察、按脉，连声说：“有救，有救。婴儿没死，大人也保得住。”这下，周围的人都松了一口气。庞安时叫产妇的家属用热水暖她的腰部和腹部。他自己呢，给产妇上下按摩，然后拿出金针，在产妇的腹部针了几下。一会儿，产妇连哼几声，婴儿"哇"的一声出世了。

室内充满了欢乐的气氛，产妇的家属又惊又喜。他们一面感谢庞安时，一面询问他用了什么妙法使婴儿出生的。庞安时说："婴儿早已从胎胞里出来，只是他的小手胡乱抓住了母亲的肠子不放，因此这不是念几句符咒或吃几帖汤药所能解决的。"

"那你用的什么办法呢？"庞安时说："我在产妇的腹部摸到了婴儿的小手，然后用金针刺他的虎口。婴儿被金针刺痛了，手一缩，于是出生了。"

"高明，高明！"众人无不啧啧称赞。他们抱起婴儿一看，果然见右手的虎口上有针刺的伤痕。

【故事出处】

庞安时儿时能读书，过目辄(就)**记。父，世**(祖传)**医也，授以脉诀**(秘诀)。**安时曰："是**(这)**不足为**(学)**也。"独取黄帝、扁鹊**(传说中的古代神医)**之脉书治之，未久，已能通其说**(学说)**，时出新意，辨诘**(辨驳。辨同"辩")**不可屈，父大惊，时年犹**(还)**未冠**(未成年)。

尝诣桐城(今安徽桐城市)**，有民家妇孕将产**(分娩)**，七日而子不下，百术**(各种方法)**无所效**(效验)。**安时之弟子李百全适**(正巧)**在傍舍，邀安时往视之。才见，即连呼不死，令其家人以汤温其腰腹，自为上下抚摩。孕者觉肠胃微痛，呻吟间生一男子。其家惊喜，而不知所以然。安时曰："儿已出胞**(胎胞)**，而一手误执母肠不复能脱，故非符**(符咒。古代迷信活动的一种)**药所能为。吾隔腹扪**(摸)**儿手所在，针其虎口**(拇指与食指之间接连的地方)**，既**(已)**痛即缩手，所以遽生**(立刻出生了)**，无他术也。"取儿视之，右手虎口针痕存焉**(那儿)。

(节选自《宋史》)

【点评】

高明的针灸术！

188. 心药医心病

【智慧故事】

华佗是我国古代的名医，他不仅擅长内科、外科，还擅长妇科和儿科。在距今一千八百年的东汉末年，科学还很不发达，他却发明了中药麻醉剂，能给病人剖腹动大手术，难怪像曹操这样的人也要请他看病。

有一次，有个郡太守病了，病得很重，日不思饭，夜不成眠，心里焦躁不安。病人的家属特地请华佗去诊治。华佗给太守按过脉，看过舌苔，断定太守的病是由胸中积了淤血引起的，但要清除淤血，不是一般的吃药、针灸所能解决的。

华佗在太守家住下，过了一天又一天，却不给太守开药方。太守以为招待不周，急忙送上一份又一份礼物，华佗照收不误。然而他仍不给太守治病，总推说“病情古怪，让我考虑考虑”。太守和家族人员感到纳闷。

几天以后，华佗不告而别了，太守十分恼火，连声说“骗子，骗子”！一会儿，侍从在华佗房间里得到一封信，华佗在信中大骂太守。太守气得暴跳如雷，声嘶力竭地吼道：“给我追，杀掉那骗子！”

太守一怒之下，吐出了好几升暗黑色的淤血，顿时浑身觉得舒畅。几天以后，他的病痊愈了。后来，太守才知道这是华佗用心药医心病，周围的人也都称赞华佗医术高明。

【故事出处】

有一郡守(郡的最高行政长官。郡,古代区域单位)**笃病**(患重病)**久,佗**(华佗)**以为**(认为)**盛怒**(发一顿脾气)**则差**(chài,痊愈)**,乃多受其货**(钱财)**,而不加治**(治疗)**,无何**(没多久)**弃去**(抛下郡守走了)**,又留书**(信)**骂之。太守果大怒,令人追杀佗,不及**(赶上)**,因瞋恚**(chēn huì,愤怒)**,吐黑血数升而愈。**

(节选自《后汉书》)

【点评】

这可否叫"精神治疗法"!

189. 发明家马钧

【智慧故事】

马钧是三国时魏国的大发明家。他天资聪明，技艺高超，一生有很多创造和发明，是我国古代的机械制造专家。

当时，纺丝织绫的机械构造很复杂，如果五十根经线，得装上五十个踏脚；六十根经线，要六十个踏脚。这样，既费时又劳力。马钧把它一律改为十二个踏脚，生产效率提高四五倍。

有一年，他在朝廷中做给事中的官，跟朝中大官高堂隆和秦朗因为指南车的事发生了争论。高堂隆和秦朗认为我国古代没有指南车，历史上的记载是不可信的。马钧不同意他们的观点，说："古代有指南车，只是二位没多动脑筋思考罢了。"高堂隆和秦朗很不服气，当场挖苦马钧。马钧说："空争论是没有什么用的，不如来个实验看效果。""行！你翻造出指南车，我们就信服！"高堂隆和秦朗说。于是他们两人把争论的事报告了魏明帝。魏明帝下命令让马钧制作。马钧用不长时间果然造出了指南车，因此上至朝廷大官，下至百姓，都佩服马钧的技艺。

京城洛阳，人少地多，很多人想把荒地开垦出来种点蔬菜，可是担心没有水灌溉。马钧经过一番思考，造出了戽水车。他让童仆踩踏水车，水就会从井中不断地流出，灌溉一亩菜地，不要花很多劳力，它的效率比早先打水超过几百倍，于是翻水车一下子传开了。

有一次有人给皇帝送去一副杂技木偶，可是这杂技木偶只能作为摆设不能活动。魏明帝问马钧："可以让它活动吗?"马钧说："可以的。"魏明帝又问："能不能再改进一下?"马钧说："可以改进。"明帝就叫他改做。马钧先用大木头制作成一个轮子样的东西，放在平地上。然后在轮盘下设置各种机关，用水冲击使它转动。再在盘上安装木偶。那木偶有的跳舞，有的击鼓吹箫，有的叠罗汉，有的抛球，有的掷剑，有的走钢丝，有的翻筋斗，活灵活现。还有的木偶扮作各种官吏坐在公堂上，有的扮作农夫在舂米磨粉。总之，千变万化，跟真的一样。

【故事出处】

马先生钧，字（表字）**德衡，天下之名巧**（著名的技术高超的人）**也**。

先生为给事中（皇帝左右的一种顾问官），**与常侍**（职官官名）**高堂隆**（复姓高堂）、**骁骑将军秦朗争论于朝**（朝廷），**言及**（说到）**指南车，二子**（指高堂隆和秦朗）**谓古无指南车，记言之虚**（不确实）**也**。**先生曰："古有之。未之思**（即"未思之"）**耳。夫何远之有**（即"有何远"，又不是遥远的事）**?"二子哂**（shěn，讥笑）**之。……先生曰："虚争空言，不如试之易效**（容易见效）**也。"于是二子遂以白**（报告）**明帝**（魏明帝曹叡），**诏**（皇帝下令）**先生作之，而指南车成**。

居京师（京城，此指洛阳），**都城内有地可以为园**（此指种蔬菜的园地），**患无水以溉**（灌溉）。**先生乃作翻车**（像现在的龙骨水车），**令童儿**（童仆）**转之，而灌水自覆**（自己倾流出来），**更入更出**（循环地出没、转动），**其功**（效率）**百倍于常**。

其后人有上（献上）**百戏**（木偶的杂技玩耍）**者，能设**（摆设）**而不能动**（活动）**也。帝以问先生："可动否?"对曰："可动。"帝曰："其巧可益**（改进）**否?"对曰："可益。"受诏作之。以大木雕构**（雕刻构造），**使其形若轮，平地施之**（安放它），**潜以水发**（暗设机关，用水力发动）**焉。设为女乐舞象**（女子歌舞的样子），**至令**（甚至可以使……）**木人击鼓吹箫；作山岳**（杂技叠罗汉），**使木人**

跳丸(抛球)、**掷剑**、**缘絙**(走绳索。絙,gēng)、**倒立**,**出入自在**,**百官行署**(指木偶人有扮作官吏坐公堂的),**舂磨**(舂米或磨米粉)、**斗鸡**,**变巧百端**(各种各样)。

(节选自《三国志》引注)

【点评】

多才多艺的机械制造专家!

190. 核工绝技

【智慧故事】

我的小弟得到了一枚桃核雕刻的坠子，长五分左右，宽四分。整个桃核的前面和后面都是山。山坳里筑有一道城墙，城墙上的垛子清清楚楚的可以数出来。城墙顶上有楼房，楼门大开，中间有人，类似打更的差役，手里拿着鼓槌，仿佛冷得不能忍受的样子。

靠近山脚下有一座寺庙，三株古松把它隐蔽着。松树下凿有两扇门，门可开关。门里有一个和尚，歪着头在听；门半开着，和尚像在守门接客；门开，又仿佛请人进去的样子——从左右各方欣赏它，雕刻得都恰到好处。

古松下从东面走来一个和尚，背着经卷踉踉跄跄而行，好像给人家做了佛事在夜里归来。对面树林中有一个小和尚，仿佛听到他“仆仆”地向前走的脚步声。

桃核的侧面有一座高出地面的七层宝塔，离河滩仅半分。靠近河滩系着一只小船，在船窗和船舷间，有个旅客靠着几案在打盹，样子像刚醒过来。船艄上有个小童，对着炉子吹火，大概在给船客煮茶。船停靠在寺院的后面。

高丘上蹲着一座钟楼。敲钟人的样子轻松自在，估计是睡足了刚醒过来。山顶上月光阴暗，月亮呈半圆形，掺杂着稀疏的几颗星星。下边河面上波纹兴起，呈现出潮水到来的迹象。这枚桃核雕刻的内容取自唐人张继“姑苏城外寒山寺，夜半钟声到客船”的诗句。

总计桃核上共刻了七个人：四个和尚，一个旅客，一个小童，一个差役。房屋器具共九样：一座城墙，一间楼房，一所寺院，一座宝塔，一条小船，一座钟楼，一副炉灶，钟和鼓各一只。风景有七处：山，水，林木，滩头上四块石头，几颗星星，一个月亮，三盏灯火。而人的活动如打更，报晓，守门，夜归，旅客靠在几案上，煮茶，总共为六种，各具情趣和意境，并且连同愁苦的、怕冷的、疑思的种种神态，都一一像真的。

俗话说："把须弥山容纳在草籽中。"大概说的就是这样的核雕艺术吧。

【故事出处】

季弟（小弟）**获桃坠**（桃核做的坠子）**一枚，长五分许**（左右），**横广**（宽度）**四分。全核向背**（前面与后面）**皆山。山坳**（ào，洼下的地方）**插**（筑）**一城**（城墙），**雉**（zhì，城上的垛子）**历历**（清清楚楚）**可数。城巅**（顶）**具**（有）**层楼，楼门洞敞**（大开）。**中有人，类**（似）**司更卒**（负责打更的差役）**执**（拿着）**桴鼓**（鼓槌。桴，fú），**若**（像）**寒冻不胜者**（不能忍受的样子）。

枕（靠近）**山麓**（lù，山脚下）**一寺，老松隐蔽三章**（株）。**松下凿双户**（门），**可开阖**（hé，关闭）。**户内一僧，侧首**（头）**倾听：户虚掩**（半开着），**如应门**（守门等候人）；**洞开**（门打开），**如延纳状**（好像请人进去的样子）——**左右度**（看）**无不宜**（恰当）。

松下东来一衲（nà，和尚），**负**（背着）**卷帙**（zhì，经卷）**踉跄**（liàng qiàng，脚步不稳的样子）**行，若为**（是）**佛事**（指念经等）**夜归者。对林一小陀**（和尚），**似闻足音仆仆**（象声词）**前**（向前走）。**核侧出**（高出地面）**浮屠七级**（七层佛塔），**距滩**（河滩）**半黍**（半分）。

近滩维（系）**一小舟。篷**（帆）**窗短舷**（xián，船边）**间，有客凭**（靠着）**几**（案桌）**假寐**（打瞌睡），**形若渐寤然**（醒的样子）。**舟尾一小童，拥**（围着）**炉嘘**（吹）**火，盖**（大概）**供客茗饮**（饮茶）**也。舣舟处**（船靠岸的地方。舣，yǐ）**当**（在）**寺阴**（背面），**高阜**（fù，土山）**钟阁踞焉**（在那里有一座钟楼）。**叩**（敲）**钟者貌**（样子）**爽爽自得**（轻松自在的样子），**睡足徐兴**（慢慢起身）**乃尔**（的样子）。**山顶月晦**（暗）**半规**（半圆形），**杂疏星数点。下则波纹涨起，作潮来候**（呈现出潮水要来的迹象）。**取诗"姑苏城外寒山寺，夜半钟声到客船"之句。**

计人凡（共）**七；僧四**（四个），**客一，童一，卒**（差役）**一。宫室**（房屋）**器具凡九：城一，楼一，招提**（寺院）**一，浮屠**（佛塔）**一，舟一，阁**（楼阁）**一，炉灶，钟**

鼓各一。景凡七：山，水，林木，滩石四，星，月，灯火三。而人事如传更（打更），**报晓，候门，夜归，隐几，煎茶，统为六，各殊致**（很有情趣）**殊意**（很有意境），**且并其愁苦、寒惧、凝思诸**（众态），**俱**（都）**一一肖**（像）**之。**

语云（俗话说）**："纳须弥于芥子**（把一座高山容纳在一粒草籽中。须弥，佛经中说的印度的高山）。**"殆**（dài，大概）**谓是欤**（说的就是这个）。

（节选自《核工记》）

【点评】

如此微雕，非高手莫为！

后 记

参加本书编写的还有：卢芳萍、卢伟卿、杨彦、郁美君、郑雁、余菲、王国庆、王真、张伯申、张良、刘菊娣、刘菊芬、宋建国、李贵煜、杨夏川等。

因时间仓促，本书在选材、编排及注释中如有不当，敬请指正。

编者

图书在版编目(CIP)数据

智慧故事文言读本：才能篇 / 杨振中编著. —上海：东方出版中心，2013.8（2016.8 重印）
ISBN 978-7-5473-0584-3

Ⅰ.①智… Ⅱ.①杨… Ⅲ.①文言文—中学—课外读物 Ⅳ.①G634.303

中国版本图书馆 CIP 数据核字(2013)第 114041 号

智慧故事文言读本：才能篇

出版发行：东方出版中心
地　　址：上海市仙霞路 345 号
电　　话：62417400
邮政编码：200336
经　　销：全国新华书店
印　　刷：昆山亭林印刷有限责任公司
开　　本：890×1240 毫米　1/32
字　　数：299 千字
印　　张：10
版　　次：2016 年 8 月第 1 版第 2 次印刷
ISBN　978-7-5473-0584-3
定　　价：25.00 元

东方出版中心邮购部　电话：52069798